# ぶらり東京・仏寺めぐり

長田幸康

GENTOSHA
幻冬舎

# ぶらり東京・仏寺めぐり

# はじめに

東京にはお寺が多い。

街や駅の名前になっているような有名なお寺も身近にあるかもしれない。

しかし、それらがどんなお寺なのか、深く考えたことのある人は少ないものだ。

普段、何気なく門前を通り過ぎているお寺が、実は歴史に名を残す古刹(こさつ)だったりする。小さなお寺なのに、なぜか外国人観光客の姿が絶えなかったりもする。はるばる遠くの名所旧跡を旅するのもいいが、身近なお寺という空間に、まだまだ知らない魅力が眠っているのではないだろうか。

本書は気負わずふらりと立ち寄れるお寺をめぐる入門書である。幸いなことに多くの東京のお寺は万人に開かれており、気取ったところがない。気軽に山門をくぐって(ほとんどの場合無料で!)、自分のペースで参拝を楽しめる。

また、お寺の見どころを紹介するだけでなく、本書全体を通じて仏教についての基本的な教えや歴史に自然に親しめるようにも心がけた。

仏教はインドで生まれた宗教だが、日本人はそれを見事に咀嚼（そしゃく）し、日本の文化として発展させることに成功した。外国人が「日本らしい」と感じる文化の多くは、仏教の影響を受けている。私たちが持っている文化の何が仏教的なのか、お寺めぐりの中で実感できる。

一方、個人のレベルでは、葬儀やお墓といった、だれもが避けては通れないものを通じて、私たちは否応なしに仏教と向き合うことになる。なぜご先祖様たちがお墓や仏壇を守り、菩提寺（ぼだいじ）との関わりを大切にしてきたのか？　その問いは自分のルーツや人生観と深く関わっている。

お寺めぐりを通じて仏教に親しむことは、日本についての理解を深めることにつながり、自分を見つめなおす旅ともなるはずだ。

本書がお寺や仏教との縁をあらためて結びなおし、深めていけるきっかけとなれば幸いである。

長田幸康

目次

## 第2章　練馬区・豊島区・北区



## 第3章　足立区・葛飾区・江戸川区・墨田区・荒川区

## 第4章 中央区・港区・新宿区

## 第5章 大田区・品川区・目黒区・世田谷区




装幀　石川直美（カメガイ デザイン オフィス）
編集協力　株式会社キーワード
本文デザイン　田中明美
DTP　美創
写真協力　浅草寺、寛永寺、増上寺、池上本門寺

## 地図１　台東区・文京区

## 地図２　練馬区

## 地図３　北区・豊島区

## 地図４　足立区・葛飾区・江戸川区・墨田区・荒川区

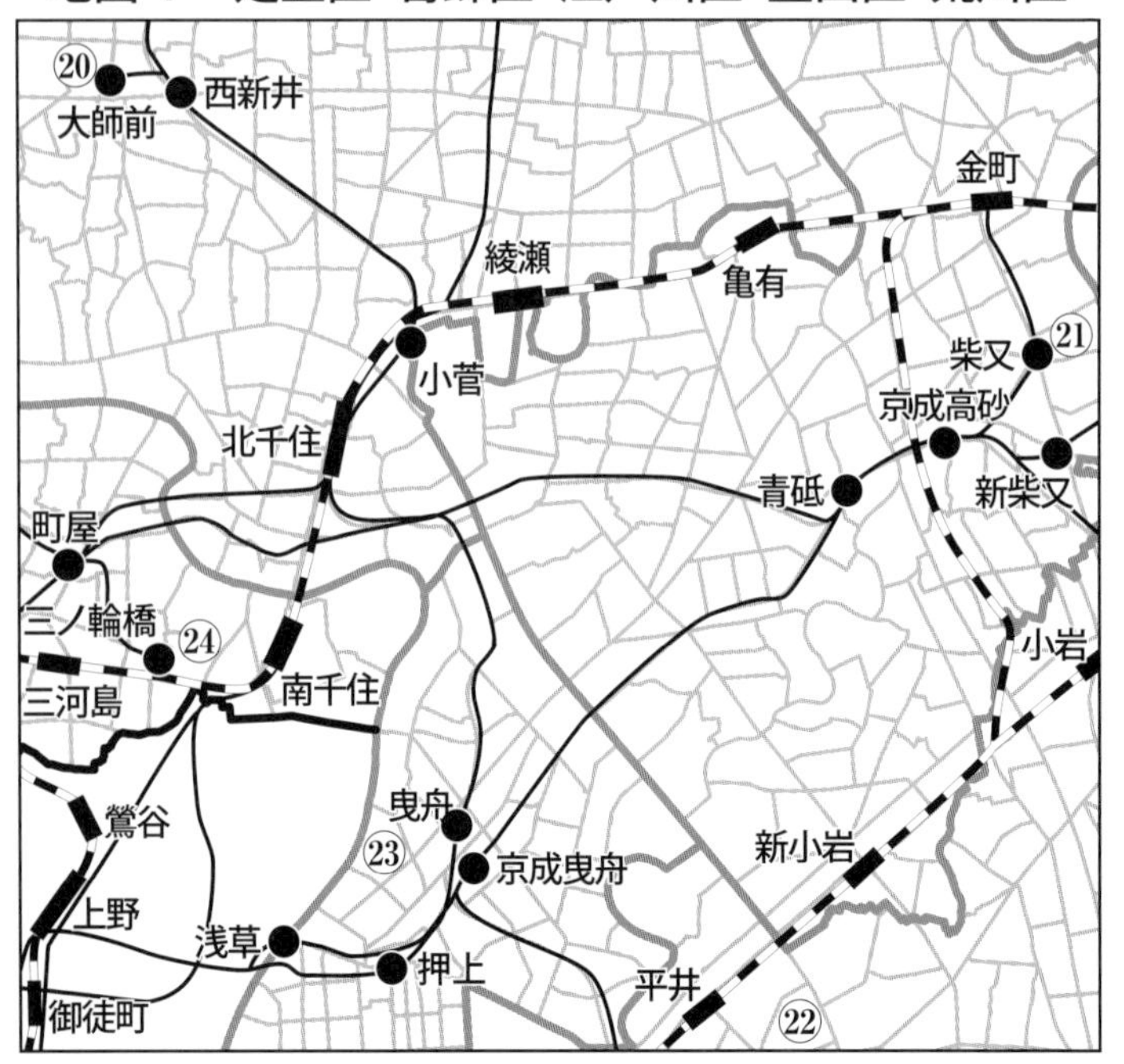


## 地図５　新宿区

## 地図6　港区・中央区

## 地図７　世田谷区・目黒区

## 地図８　品川区

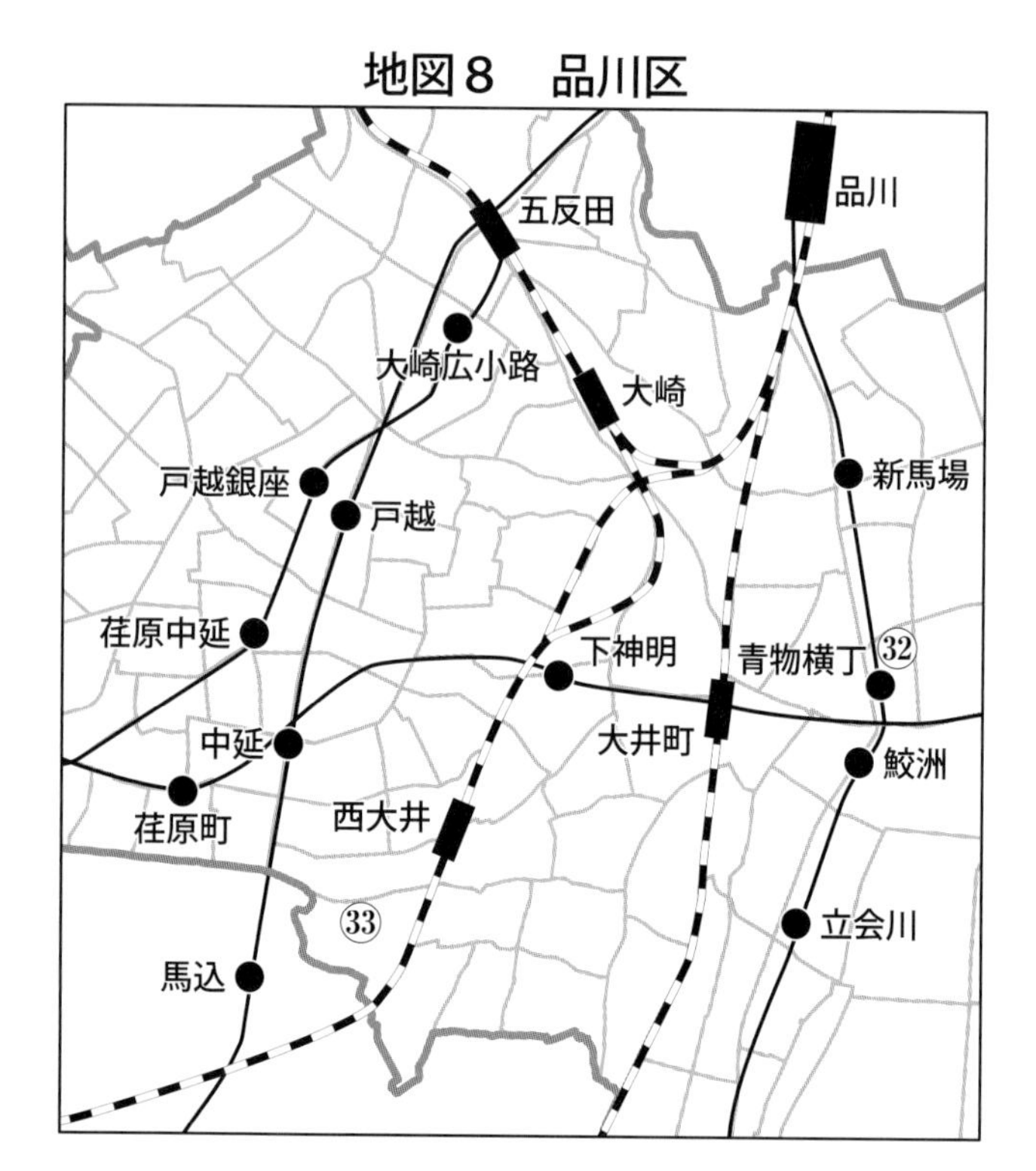


## 地図９　大田区

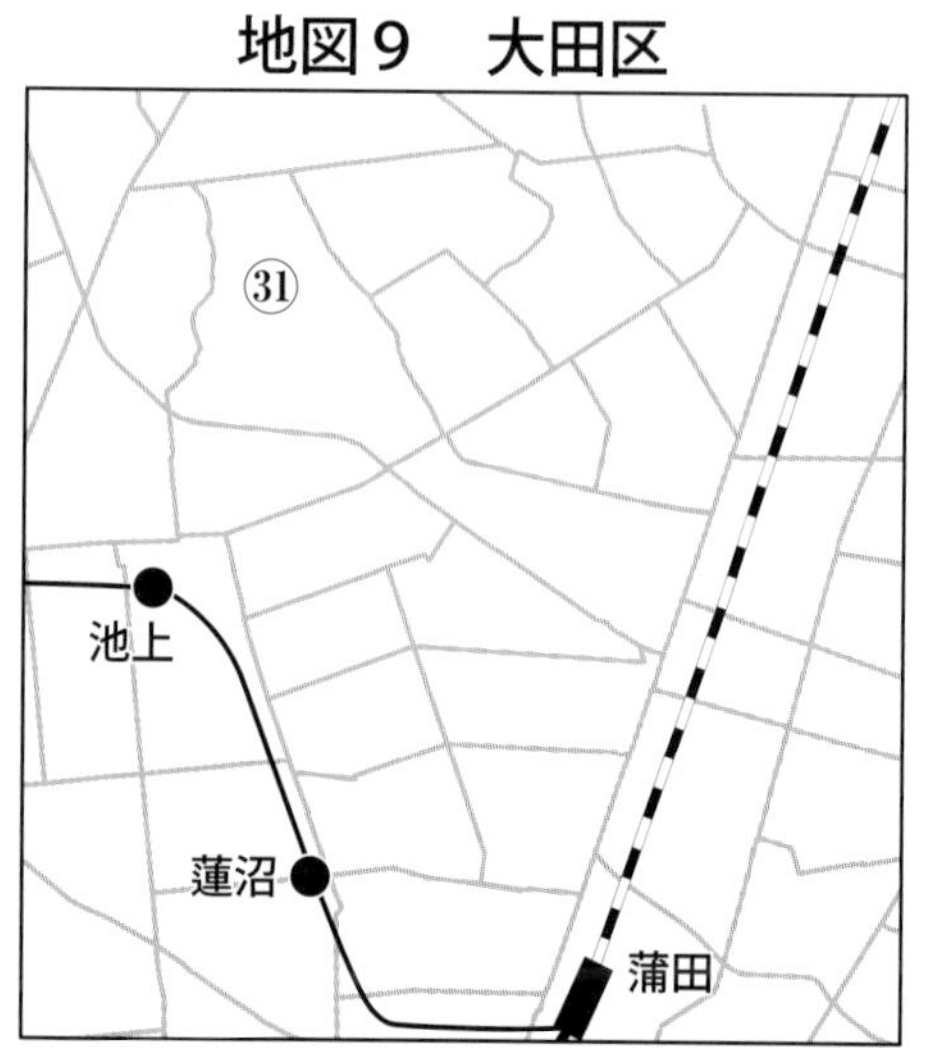

# 第1章

## 台東区 文京区

聖観音宗◉せんそうじ

# 1 浅草寺

東京最古の寺院。
暁（あかつき）の凛（りん）とした境内に、
厳かな読経が響く

東京都台東区浅草2-3-1

［山号］　金龍山
［寺号］　浅草寺
［本尊］　聖観世音菩薩
［国宝］　法華経
［国指定重要文化財］　二天門、元版大蔵経

**アクセス**
地下鉄銀座線・都営浅草線・東武スカイツリーライン・つくばエクスプレス 浅草駅から徒歩5分

五重塔の最上層にはスリランカから請来された仏舎利（釈迦の遺骨）が奉安されている

## 浅草寺［せんそうじ］

雷門の大提灯（おおぢょうちん）でおなじみの浅草寺。大賑（にぎ）わいの仲見世（なかみせ）で土産物屋をひやかしたり、下町情緒あふれる銘菓を食べ歩いたりするのも楽しいが、信仰の場としての静かな雰囲気を味わいたいなら早朝がお勧めだ。

朝六時前の雷門前は人影もまばらだ。仲見世も開店前。約二百五十メートルに及ぶ参道には、犬の散歩をするご近所のお年寄りたちの姿しかない。

雷門をじっくり見られるのも、ひと気のない早朝ならでは。高さ三・九メートルの大提灯の右手には風神、左手には雷神の像が祀（まつ）られている。慶応元（一八六五）年、田原町の大火で焼失したものの、昭和三十

風・雷をつかさどる風神・雷神を安置した雷門

五（一九六〇）年、パナソニック創業者、松下幸之助氏の寄進で再建された。

参道を抜けた先にある宝蔵門（仁王門）の左右には阿吽の仁王像。本堂側には仁王の魔除けの力を表す「大わらじ」が祀られている。

宝蔵門をくぐって境内に入ると正面には、瓦葺きの堂々たる本堂（観音堂）。扉の前には、開堂を待つ人たちの姿がある。

本堂では六時（十月〜三月は六時半）に「朝座法要」が始まり、境内に太鼓の音と厳かな読経が響く。定時法要は朝座のほか、十時からの昼座、十四時からの夕座と一日三回営まれており、だれでも参加できる。

## 漁師が隅田川から引き上げた観音様

東京最古の寺院とされる浅草寺の興りは飛鳥時代、推古天皇三十六（六二八）年に遡る。隅田川で漁をしていた兄弟が聖観世音菩薩像を引き上げた。大化元（六四五）年、この地を訪れた勝海上人が観音堂を建立。本尊の聖観世音菩薩像を秘仏として奉安した。平安初期の天安元（八五七）年には、慈覚大師円仁が聖観世音菩薩像を刻み、秘仏に代わる「お前立ち」の本尊とした。以来、浅草寺は鎌倉・江戸の将軍家から庶民まで幅広い信仰を集め、今に至るまで「浅草観音」として栄えている。

## 浅草寺［せんそうじ］

朝座法要が終わって本堂を出るころには、五重塔が朝日を浴びて輝き始めるだろう。境内には朝早くから思い思いのお堂や仏像に手を合わせる人たちの姿が絶えない。

浅草寺の伽藍（がらん）の多くは天災・火災、そして東京大空襲の被害を受けている。伝統建築に見える建物も耐震補強が施された鉄筋コンクリート製。本堂の瓦は軽量なチタン製である。伝統と最新技術の融合した実に東京らしい空間、浅草寺は、現役の信仰の場として今も進化を続けている。

徳川家光建立の旧本堂は空襲で焼失。現在の本堂は1958年に再建されたもの

1997年に建立された母子地蔵。『あしたのジョー』のちばてつや氏がデザイン

浅草寺の山門「宝蔵門」。942年に創建され、再建が繰り返されてきた

# ② 本龍院

## 象の頭を持つパワフルな聖天様。大根と巾着がご利益のシンボル

提灯が迎えてくれる

古代インドで生まれた仏教は、もともとインドで信仰を集めていた神様たちを受け入れ、仏教の教えを守る守護神「天」として位置づけた。聖天（大聖歓喜天）はその代表格だ。インド料理店などで、その姿をご覧になった方も多いだろう。

仏教では主に十一面観世音菩薩の化身とみなされ、財運や福運をもたらす神様として信仰を集めている。非常にパワフルな神

東京都台東区浅草7-4-1

［山号］　待乳山
［院号］　本龍院
［本尊］　大聖歓喜天

**アクセス**
地下鉄銀座線・都営浅草線・東武スカイツリーライン 浅草駅から徒歩12分

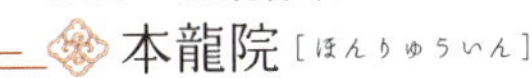

# 本龍院［ほんりゅういん］

境内各所にほどこされた大根や巾着の意匠

様とされ、公開されない秘仏とされるのが一般的だ。

日本で聖天を祀る寺院はそれほど多くはない。関東三聖天とされるのが、平井聖天（東京都江戸川区の燈明寺（とうみようじ））、妻沼（めぬま）聖天（埼玉県熊谷市の歓喜院）、そして、この待乳山（まつちやま）聖天（東京都台東区の本龍院）である。

本龍院は浅草寺の支院のひとつ。縁起によると、開山は推古天皇三（五九五）年にまで遡り、待乳山は一夜にしてこの地に現れたという。六年後の推古天皇九（六〇一）年、十一面観世音菩薩が聖天に化身して降り立ち、干ばつに苦しんでいた人々を救ったことから、聖天が祀られるようになったと伝えられている。

## 大根は良縁成就、巾着は商売繁盛

待乳山は江戸時代には隅田川を望む絶景スポットとして知られ、浮世絵の題材にもなってきた。

　山といっても海抜は約九・八メートル。小高い丘ほどの高さなので、階段もそれほどハードではなく、浅草駅から歩いて十分ほどにもかかわらず、観光客もそれほど多くはない。本龍院は浅草名所七福神の毘沙門天を祀る寺でもあり、ダブルでご利益のあるパワースポットとして、ゆっくり参拝を楽しめそうだ。

　柱や灯籠など、境内のいたるところに見られるのが、大小さまざまな二股大根と巾着のモチーフだ。いずれも聖天のご利益のシンボルである。

　大根は健康長寿・良縁成就・家族和合などの功徳を示す。正月七日には「大般若講・大根まつり」が催され、参詣者に風呂吹き大根が振る舞われる。

　一方、財宝の象徴である巾着は商売繁盛のご利益を表している。

　聖天は朱色に塗られた本堂「聖天宮」に祀られている。秘仏のため、実際に尊像を見ることはできないにもかかわらず、熱心にお参りする人はあとを絶たない。

　もうひとつ注目したいのが、境内の庭園を取り囲む全長四十五・五メートルに及ぶ「築地塀」だ。この風景は歌川広重の錦絵にも描かれており、江戸時代の名残を今に伝えている。

## 本龍院［ほんりゅういん］

階段を上るとすぐ本堂「聖天宮」

江戸時代から伝わる築地塀と石像たち

# ③ 寛永寺

## 比叡山に倣って開かれた、徳川将軍家の祈禱寺。「上野の山」に点在する伽藍に往時を偲ぶ

寛永寺の開山は寛永二（一六二五）年。江戸城の鬼門（北東）にあたる「上野の山」に、徳川将軍家の祈禱寺・菩提寺として建立されたと伝えられる。創建は徳川家康・秀忠・家光の三代にわたる帰依を受けた天

顔だけ残った上野大仏。「これ以上落ちない」ことから受験生の参拝が多い

東京都台東区上野桜木1-14-11

［山号］　東叡山
［院号］　円頓院
［寺号］　寛永寺
［本尊］　薬師如来
［国指定重要文化財］　木造薬師三尊像、清水観音堂、旧本坊表門など多数

**アクセス**
根本中堂にはJR 鶯谷駅から徒歩5分。清水観音堂にはJR 上野駅から徒歩5分

台東区　天台宗

## 寛永寺［かんえいじ］

海大僧正。江戸時代には、裏鬼門（南西）にある将軍家の菩提寺・増上寺と並ぶ権勢を誇った。

江戸幕府による寛永寺の建立は、京都の朝廷を意識し、比叡山延暦寺に倣ったとされる。平安京の鬼門に比叡山延暦寺が開かれ、麓に琵琶湖があるように、寛永寺にも不忍池がある。東叡山という山号は、東の比叡山を意味するものだ。また、延暦年間に開かれたため延暦寺と称したのに倣い、創建時の年号から寛永寺と名付けた。

現在、「上野の山」には恩賜上野公園があり、博物館・美術館や大学が立ち並ぶ。しかし往時には、北は言問通りあたりから、

最澄が刻んだとされる薬師瑠璃光如来像を祀る根本中堂

南は恩賜上野公園に至るまで、広大なエリアがすべて寛永寺の寺域だった。

幕末、上野戦争の舞台となって多くの伽藍を焼失した上、明治政府に寺域を接収された結果、現在の寛永寺の伽藍は「上野の山」に点在する形となっている。

東照宮の参道から五重塔を望む

## 上野戦争や空襲で多くの堂宇を焼失

かつて寛永寺の根本中堂は、現在の上野公園の大噴水のある場所に建てられていたが、上野戦争で焼失。現在の根本中堂は明治十二（一八七九）年、川越喜多院（きたいん）の本地堂を移築したものだ。

東京国立博物館の位置には、寛永寺の本坊（貫主の住まい）があったが、これも上野戦争で焼失。弾痕の残る黒い表門だけが当時の姿を伝えている。

噴水の南の小高い丘の上には、顔だけの上野大仏がある。もともとは胴体があった

## 寛永寺［かんえいじ］

が、関東大震災で頭部が落ち、第二次大戦時に胴体を徴用されたため顔だけが残った。

寛永寺の伽藍のうちもっとも古いのが清水観音堂だ。京都の清水寺を模して寛永八（一六三一）年に建立された。

上野動物園の敷地内にそびえる五重塔も同年に建てられたものの焼失。寛永十六（一六三九）年に再建された。

不忍池に浮かぶ中之島は、琵琶湖の竹生島を模して築かれた人工島である。島にある辯天堂には、竹生島の宝厳寺から勧請した八臂大辯財天が祀られている。このお堂も空襲で焼失し、昭和三十三（一九五八）年に再建された。

将軍家が代々菩提寺としただけあって、他にも歴史的な意義を持つ伽藍や史跡は数多い。たっぷり時間をかけて往時の威容に思いを馳せたい。

京都の清水寺を模した清水観音堂

八臂大辯財天を祀った不忍池辯天堂

天台宗◉ごこくいん

4

# 護國院

## 「谷中七福神」の大黒天。開放的な釈迦堂で、間近に諸仏と向き合う

台東区谷中周辺は寺院がずらりと並ぶ「寺町」となっている。江戸城の鬼門（北東）にあたる上野の山に寛永寺が建立されて以来、江戸城の拡張や大火などをきっかけに、多くの寺院が谷中に移転。俗に「谷中八丁に九十八ヶ寺」と言われる寺町ができあ

東京都台東区上野公園10-18

［山号］　東叡山
［院号］　護國院
［寺号］　寛永寺
［本尊］　釈迦如来

アクセス
地下鉄千代田線 根津駅から徒歩7分

味わいのある
釈迦堂の外観

台東区　天台宗

## 護國院［ごこくいん］

がった。

その谷中エリアで七福神をめぐる「谷中七福神」のうち大黒天を祀るのが、ここ護國院だ。今でこそ東京藝術大学と上野高校に挟まれた地味なお寺に見えるが、実は由緒ある古刹である。

護國院は寛永寺三十六坊の中でも最初に建てられた子院。寛永二（一六二五）年に寛永寺を開いた天海大僧正の弟子、生順大僧正が開創したと伝えられる。釈迦・文殊・普賢の三尊像を本尊としたことから釈迦堂と呼ばれた。

当初は現在の東京国立博物館の裏あたりにあったが、後に家光・綱吉の霊廟建立に

開放的で参拝しやすい
釈迦堂内部

伴って移築され、宝永六（一七〇九）年、現在の場所に落ち着いた。釈迦堂は享保二（一七一七）年に焼失したが、同七年、現在の形に再建された。

寛永十六（一六三九）年、大坂城落城二十五年にあたり、豊臣・徳川両軍の戦死者を弔うため、釈迦堂で大念仏法要が行なわれた。このとき三代将軍・家光から贈られたのが、藤原信実卿の筆による大黒天の画である。これが護國院の大黒天として信仰を集めるようになった。

## 黒光りする大黒様、きらびやかな千体仏

釈迦堂の引き戸を開けると、比較的地味な外観からは想像もつかない壮麗な仏たちの世界が現れる。

正面には、打出の小槌を携え、福袋を担ぐ、おなじみの姿の大黒天。その奥の須弥壇には、本尊の釈迦三尊像が鎮座している。

大黒天はそもそもインドのヒンドゥー教におけるシヴァ神の化身「マハーカーラ」が仏教に取り入れられたもの。マハー（大）・カーラ（黒）をそのまま訳して大黒天となったもので、名前の通り身体は黒い。戦いの神、福の神、台所の神など多彩な顔を持つ。

インドでは忿怒の形相をした神だが、中国を経て日本に伝わったのは、主に福の神としての顔だ。神道の大国主と習合し、福

福しい姿の豊穣（ほうじょう）・財福の神として信仰されている。

お堂の左右にも大小の仏・菩薩・明王（みょうおう）などが安置されており、間近でじっくり参拝することができる。右奥の上部には、江戸時代から伝わるという「千体仏」がずらりと並び、きらびやかな光を放っている。お堂じたいは小ぢんまりしているものの、実に見応えのあるお寺。開放的な空間が、諸仏との距離をぐんと近づけてくれそうだ。

中央に大黒天。その背後に釈迦三尊像が安置されている

まばゆく輝く千体仏

境内には楽堂もある

天台宗◉じょうみょういん

⑤

# 浄名院（へちま寺）

## 寛永寺三十六坊のひとつ。八万四千体の地蔵は、今も増え続ける

浄名院は言問通りを挟んで、寛永寺の向かいに位置する。山門をくぐると、左手にある大きな地蔵菩薩が目に入る。そして、その背後にはおびただしい数の地蔵の石像が列をなしている。

浄名院はもともと寛永寺三十六坊のひと

まずは阿弥陀如来を祀った本堂に参拝

東京都台東区上野桜木2-6-4

［山号］　東叡山
［院号］　浄名院
［寺号］　寛永寺
［本尊］　阿弥陀如来

アクセス
JR 鶯谷駅北口から徒歩7分

台東区　天台宗

## 浄名院［じょうみょういん］

つとして寛文六（一六六六）年に創建された。四代将軍・徳川家綱の母・宝樹院の菩提所となり、当初は浄円院と称していた。

転機が訪れたのは享保年間。当時、江戸の街は栄華を誇っており、寺も大いに栄えていたが、堕落した僧も現れたという。当寺の和尚、妙立はこうした仏教界を刷新しようと、戒律を重視する新たな宗派「安楽律宗」を立ち上げたのだ。安楽律宗は初めは迫害を受けたものの、寛永寺の貫主、輪王寺宮様の支持を得た。

享保八（一七二三）年、浄名院と改称。比叡山の安楽律院、日光山の興雲律院と並ぶ安楽律宗の本山として崇敬を集めた。

復活した江戸六地蔵の第六番

境内は大小の地蔵づくし

## 整然と居並ぶ地蔵たちは圧巻

浄名院が地蔵信仰の寺になったのは明治維新後、妙運大和尚の代のこと。

妙運は大坂に生まれ、日光で修行中に一千体の地蔵建立の発願を立てた。明治九（一八七六）年に浄名院に入り、一千体建立の願が満ちると、さらに八万四千体の地蔵建立を発願した。

八万四千という数は、釈迦が没した後のインドで仏教を広めたアショーカ王が建立したとされる仏舎利塔の数である。

浄名院の地蔵には一体ごとに「八万四千体のうち××番目」という通し番号、奉納した施主と日付が刻まれている。明治期のものともなると長年の風雨でいたみ、地蔵の姿もかなりおぼろげだ。境内は整然と並ぶ地蔵に埋め尽くされているが、今なお地蔵の奉納は増え続けているという。

刻まれた施主の名の中には、歴史的な名家や政財界、梨園など、各界の有名人もいる。私も「柳家小さん」「尾上梅幸」といった名を見つけることができた。一体一体異なる表情の地蔵に手を合わせながら、じっくり施主の名を探ってみるのも面白いかもしれない。

地蔵エリアの入り口にある大きな地蔵は「江戸六地蔵」の第六番である。

## 浄名院［じょうみょういん］

享保年間に建立された山門

かつては深川永代寺（現在の深川不動堂）が第六番だったが、明治維新後、神仏分離により廃寺となっていた。明治三十九（一九〇六）年、日露戦争の戦没者を弔うため浄名院に地蔵像が建立され、第六番が復活した。

　境内には、へちまの棚に囲まれた「へちま地蔵」もある。旧暦八月十五日には、咳・ぜんそくを癒すという「へちま供養（へちま加持祈禱会）」が行なわれ、普段は静かな境内が大いに賑わう。

へちま地蔵

臨済宗国泰寺派●ぜんしょうあん

6

# 全生庵

## 政財界の大物も参禅。山岡鉄舟が開いた、明治生まれの禅寺

墓所を見守る
観世音菩薩

東京都台東区谷中5-4-7

［山号］　普門山
［寺号］　全生庵
［本尊］　葵正観世音菩薩
［都指定旧跡］　山岡鉄舟墓、三遊亭円朝墓

アクセス
地下鉄千代田線 千駄木駅から徒歩5分、JR・京成電鉄 日暮里駅から徒歩10分

## 全生庵［ぜんしょうあん］

釈迦は古代インドの小国の王子として生まれ、地位も家族も捨てて修行の道に入った。悟りを開いた後も、政治・経済活動といった俗事からは距離を置いた。

しかし、政財界から釈迦に信を寄せる者は多く、当時の大国マガダ国のビンビサーラ王、コーサラ国のパセーナディ王とはいずれも親交があった。コーサラ国の富豪スダッタから「祇園精舎」を寄進されるなど、富裕層の信者も多かった。

人の上に立つ者の悩みは、古代インドでも現代日本でも、さほど変わらないようだ。仏教を心の支えにしている政治家・財界人は数多い。中でも人気なのは坐禅である。

台東区谷中の寺町にある全生庵は、中曽根康弘、安倍晋三といった大物が坐禅を修したことで知られている。

坐禅は姿勢を正して精神統一を行なう仏教の修行のひとつ。古代インドから伝わる瞑想に由来する。釈迦も瞑想によって煩悩を克服し、悟りを開いた。

現在、日本で行なわれている坐禅は、インドの僧侶ボーディダルマ（達磨）が中国で開いた禅宗に端を発する。その後、中国で禅を学んだ栄西が臨済宗を開き、道元が曹洞宗を興した。

禅の教えは、鈴木大拙、鈴木俊隆らによって海外にも伝えられ、日本文化を代表する「ＺＥＮ」として人気を博した。アップル創業者のスティーブ・ジョブズもサンフランシスコの道場で日本人僧、乙川弘文師から禅を学んでいた。

## 江戸無血開城の立役者

山岡鉄舟といえば、幕末、勝海舟と西郷隆盛の会談に先立ち、幕府側の使者として官軍の駐留する駿府（現・静岡市葵区）に単身出向いて西郷と面会・交渉したことで知られる政治家である。江戸無血開城が実現したのは鉄舟の働きによるところが大きい。維新後は明治天皇の侍従も務めた。

剣と書の達人として名高い山岡鉄舟は、禅にも通じていた。明治十六（一八八三）年、明治維新で国事に殉じた人々の菩提を弔うため、全生庵を建立した。そしてかつて江戸城の守り本尊であった葵正観世音菩薩を本尊とした。

全生庵では第七世住職による一般向けの坐禅会が開催されているが、メディアに取り上げられることも多く、予約が取りにくいほどの人気だという。とはいえ、普段の境内はいたって静かで心地よい。巨大な観世音菩薩が見守る墓所では、山岡鉄舟その人や、鉄舟から坐禅を学んだ初代・三遊亭円朝などの墓前にゆっくり手を合わせることができる。

剣・禅・書の達人だった山岡鉄舟の墓所

山岡鉄舟に師事した初代・三遊亭円朝の墓所

人気の坐禅会が行なわれる本堂

7

# 正寶院（飛不動）

## 空の安全を守る「飛不動」。「はやぶさ」帰還への祈りにも応えた

本尊は秘仏。普段、拝めるのは公開用の「お前立ち」

平成二十二（二〇一〇）年六月、六十億キロの航海を終えて地球に帰還した小惑星探査機「はやぶさ」。七年間に及ぶ航海は通信が途絶えるなどトラブルの連続だった。そこでプロジェクトマネージャーの川口淳一郎教授（宇宙科学研究所）が毎年祈願に訪れたのが、「飛不動」で知られる正寶院だ。

正寶院は享禄三（一五三〇）年の創建とされる。当初は修験道の道場だったが、後

東京都台東区竜泉3-11-11

［山号］　龍光山
［院号］　正寶院
［寺号］　三高寺
［本尊］　飛不動明王

アクセス
地下鉄日比谷線 三ノ輪駅から徒歩10分

に天台宗の寺院となった。すでに江戸時代には「飛不動」として信仰を集めていたという。

伝えられる縁起によると、同寺の住職が大和国大峯山に不動明王像を安置して修行していたところ、像は一夜にしてこの地に飛び帰り、人々にご利益を授けた。この伝説から、旅の安全の守護神「飛不動」として知られるようになった。近年では空の安全を祈願に訪れる人も多く、「はやぶさ」ではるか宇宙にまでご利益をもたらした。

さらに、ゴルファーは「よく飛びますように」、受験生は「落ちませんように」と、空飛ぶお不動様に願いを託す。

「空飛ぶお不動様」を安置する本堂

境内の片隅の羅漢像。何やら相談中（？）

奉納された提灯とのぼりが参道にずらりと並ぶ

# ⑧ 法昌寺

## 「めいわくかけてありがとう。」の「たこ地蔵」に思わず合掌

仏教にも造詣の深かった作家、故・立松(たてまつ)和平(わへい)氏は『不憫惚れ(ふびんぼ)―法昌寺百話』という短編集を著している。法昌寺で毎月三日に行なわれる毘沙門講に集まる人々の身の上話を綴(つづ)ったものだ。毘沙門講とは、境内の毘沙門天の前で太鼓を叩(たた)き、南無妙法蓮(なむみょうほうれん)

下谷七福神のひとつ、毘沙門天が祀られている

救世観世音菩薩

法昌寺の本堂

東京都台東区下谷2-10-6
［山号］　日照山
［寺号］　法昌寺
［本尊］　大曼荼羅
**アクセス**
地下鉄日比谷線 入谷駅から徒歩5分

## 法昌寺［ほうしょうじ］

華経を唱える修行である。立松和平氏も実際に参加していたという。

法昌寺の開山は江戸時代初頭の慶安元（一六四八）年と伝えられる。下谷七福神のひとつ毘沙門天が祀られているほか、道路沿いの観音堂には救世観世音菩薩も安置されている。

境内には辻説法をする日蓮の銅像がそびえる。そして本堂の前にちょこんと佇むのが、元プロボクサーでタレントの故・たこ八郎を供養する「たこ地蔵」だ。髪型や欠けた右耳が再現されており、生前の姿が偲ばれる。昭和六十（一九八五）年に亡くなった後、故・赤塚不二夫氏、山本晋也氏らが発願し、たこ八郎と親交のあった住職の寺に建立された。直筆が刻まれた名言「めいわくかけてありがとう。」に思わず手を合わせたくなる。

住職の福島泰樹氏は歌人でもあり、短歌を絶叫するパフォーマンスで知られており、『不憫惚れ』の中では、寺の縁起やたこ八郎について語っている。

トレードマークの髪型と欠けた右耳も再現した「たこ地蔵」

曹洞宗◉きちじょうじ

⑨

# 吉祥寺

## 人気の街「吉祥寺」の地名のルーツにして、駒澤大学の前身

東京都文京区本駒込3-19-17
［山号］ 諏訪山
［寺号］ 吉祥寺
［本尊］ 釈迦如来
アクセス
地下鉄南北線 本駒込駅から徒歩5分

「吉祥寺」といえば武蔵野市東部にあるJR中央線沿いの街。「住みたい街」ランキング上位の常連として知られている。しかし、現在の吉祥寺の街に、吉祥寺という寺はない。地名の由来となった吉祥寺は、駒込の寺町にある。

古刹・吉祥寺の発祥は室町時代後期に遡

## 吉祥寺［きちじょうじ］

「旃檀林」の額を掲げた山門。空襲による焼失を免れた

る。長禄二（一四五八）年、太田道灌が江戸城を築いた際、井戸の中から「吉祥」の金印が発見された。これを瑞祥とし、城内（現在の皇居外苑・和田倉門付近）に建てられた寺院が吉祥寺の始まりとされる。

徳川家康が江戸に入ると、天正十九（一五九一）年、吉祥寺は水道橋の北に移転した。現在、神田川にかかっている水道橋は、当時の吉祥寺の表門橋であり、かつて吉祥寺橋と呼ばれていた。

駒込に移ったのは「明暦の大火」後のこと。「振袖火事」とも呼ばれたこの大火は、本郷の本妙寺から出火し、江戸のほぼ全域を焼き尽くした。大火を機に江戸の大改造が行なわれ、多くの社寺が郊外に移転した際、吉祥寺も駒込に移転した。

駒込が寺町になったのは、郊外でありながら、檀家の残っている江戸市中に近かったからだという。

一方、往時の吉祥寺は武蔵野の地に別墅地（領地）を持っており、吉祥寺村として開墾が進められた。これが現在の武蔵野市

青銅製の宝珠を戴く経蔵。
旃檀林の図書収蔵庫だった

美しい佇まいの吉祥寺大仏

の吉祥寺の由来である。

## 千人以上の僧が学んだ旃檀林

駒込に移った吉祥寺は、僧侶を養成する学校「旃檀林」を擁する名刹として栄えた。千人以上の僧侶が学ぶ「旃檀林」は、幕府の昌平坂学問所と並び称されるほどの名声を誇り、後に駒澤大学や世田谷学園へと発展した。

しかし、昭和二十（一九四五）年の空襲でほとんどの伽藍を焼失。焼け残ったのは経蔵と山門のみだった。

経蔵は旃檀林の図書収蔵庫。歴史を感じさせる佇まいゆえ、境内でひときわ存在感

文京区　曹洞宗

## 吉祥寺［きちじょうじ］

1964年に再建された本堂

を放っている。文化元（一八〇四）年に再建された二層からなる建物で、屋根に青銅製の宝珠（思い通りに願いを叶えてくれる宝）を戴く「二重宝形造り」である。江戸時代に建てられた経蔵が都内に残っている例は珍しい。昭和八（一九三三）年にも大修復が行なわれ、大切に守られている。

境内には「二宮金次郎」として知られる江戸後期の農政家・二宮尊徳、幕末から明治にかけて八面六臂の活躍を見せた榎本武揚などの墓所がある。

本郷通り沿いに建つ堂々たる山門には「旃檀林」の額が掲げられ、往時の威容に思いを馳せることができる。

天台宗◉なんこくじ

⑩

# 南谷寺（目赤不動）

## 江戸五色不動の「目赤不動」は伊賀の赤目山ゆかり

江戸五色不動のひとつ「目赤不動尊」として知られるのが、本郷通り沿いの寺町にある南谷寺だ。本郷通りの山門を入るとすぐ右手に、不動明王を祀った不動堂がある。お堂の奥に安置された目赤不動の像は、いつでも扉を開けて拝観できるのがありがたい。

この目赤不動はかつて「赤目不動」と呼ばれていたという。江戸時代が始まったばかりの元和年間、比叡山南谷の名僧、万行律師の夢の中に不動明王が現れてこう告げた。「伊賀の国の赤目山に来たれ。不動明

目赤不動。剣で煩悩を断ち切ってくれる

東京都文京区本駒込1-20-20
［山号］　大聖山
［院号］　東朝院
［寺号］　南谷寺
［本尊］　不動明王
アクセス
地下鉄南北線 本駒込駅2番出口から徒歩1分

## 南谷寺［なんこくじ］

王の霊験があるであろう」。もともと不動明王を熱心に信仰していた万行律師は、夢のお告げに従って赤目山に赴いた。修行を重ねていると、不思議にも虚空から黄金の不動明王像を賜ったという。

万行律師は比叡山に戻った後、庶民の救済を志し、この像を携えて関東に下った。そして下駒込（現在の動坂）にお堂を建てたのが南谷寺・赤目不動の始まりだ。

「赤目」を「目赤」に改めたのは、寛永年間（一六二四〜一六四五年）、鷹狩りの道中に立ち寄った三代将軍家光。目黒不動・目白不動に倣って目赤不動と呼ぶよう伝え、現在の寺領を寄進したと伝えられている。

印を結ぶ金剛界の
大日如来

六地蔵がお出迎え

本堂には阿弥陀如来が
祀られている

# ⑪ 源覚寺（こんにゃくえんま）

## 目の病に「こんにゃくえんま」、歯痛に「塩地蔵」のご利益

「私は外套（がいとう）を濡らして例の通り蒟蒻閻魔（こんにゃくえんま）を抜けて細い坂路を上って宅へ帰りました」夏目漱石『こころ』の一節だ。この蒟蒻閻魔で知られるのが源覚寺である。「こんにゃくえんま」は樋口一葉『にごりえ』、森田草平『煤煙（ばいえん）』にも登場し、江戸時代から親しまれてきた。

海を渡った「汎太平洋の鐘」

閻魔堂の前には今もこんにゃくのお供え物が絶えない

歯痛にご利益のある「塩地蔵」

「こんにゃくえんま」が安置される閻魔堂

東京都文京区小石川2-23-14

［山号］　常光山
［院号］　西向院
［寺号］　源覚寺
［本尊］　阿弥陀如来

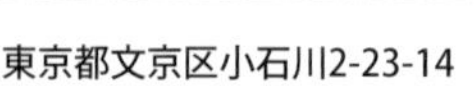
アクセス
地下鉄丸ノ内線 後楽園駅から徒歩2分、都営三田線・大江戸線 春日駅から徒歩5分

## 源覚寺［げんかくじ］

源覚寺の創建は寛永元（一六二四）年。「こんにゃくえんま」と呼ばれる閻魔大王の木造坐像は当初から安置されており、鎌倉時代につくられたとされる。

宝暦年間（一七五一～一七六四年）のこと。目の病を患っていた老婆が、この閻魔大王に祈願すると、閻魔大王が夢に現れ、自らの片目を老婆に与えようと告げた。はたして老婆の目は完治。一方、閻魔大王の右目は黄色く濁っていたという。老婆は感謝の気持ちとして、こんにゃくを供え続けたと伝えられる。

こうした由縁により、源覚寺の閻魔大王は「こんにゃくえんま」と呼ばれるようになり、目の病を患う人々の信仰を集めてきた。今もお供え物のこんにゃくが絶えない。

境内には歯痛を癒すご利益のある「塩地蔵」もある。その名の通り、いつも塩が供えられており、塩まみれになっている。

何げなく佇む鐘楼の梵鐘は「汎太平洋の鐘」と呼ばれる。元禄三（一六九〇）年に源覚寺に奉納されたものが、昭和十二（一九三七）年にサイパン島の南洋寺に移された。戦後、行方がわからなくなっていたが、昭和四十（一九六五）年、米テキサス州で発見され、後に源覚寺に返還されたという。規模こそ小さいものの、実にご利益・見どころの多いお寺である。

⑫

# 大円寺（ほうろく地蔵）

## 「八百屋お七」ゆかりの「ほうろく地蔵」

真っ赤な山門をくぐると、正面にカラフルな千羽鶴に彩られた小さなお堂がある。祀られているのが「ほうろく地蔵」だ。

天和二（一六八三）年の天和の大火は、この大円寺が火元だと言われている。このとき焼け出された八百屋の娘、お七が避難先の寺で、小姓（住職に仕える少年）と恋仲になった。建て直された自宅に戻ってからも小姓への想いが募り、火事になれば再会できると思い、会いたい一心で自宅に火をつけた。火はすぐ消されたが、お七は捕らえられ、火

東京都文京区向丘1-11-3
［山号］　金龍山
［寺号］　大円寺
［本尊］　釈迦如来
アクセス
地下鉄南北線 本駒込駅から徒歩5分、都営三田線 白山駅から徒歩5分

観世音菩薩像がそびえる。江戸三十三観音霊場の第二十三番

## 大円寺［だいえんじ］

あぶりの刑に処された。

これが歌舞伎や浄瑠璃の題材ともなった「八百屋お七」のストーリーの大筋である。「八百屋お七」を供養するため、享保四（一七一九）年に祀られたのが、頭にほうろく（素焼きの土鍋）を載せた「ほうろく地蔵」なのだ。このお地蔵様はお七の罪業を救うため、熱したほうろくを頭にかぶり、焦熱の苦しみを受けたという。頭や目・鼻・耳など、首から上の病を癒すご利益があるとされ、お堂の前には願いごとを記したほうろくが山積みにされている。

頭に土鍋を載せたほうろく地蔵

観世音菩薩の隣には子育て地蔵が佇む

# ⑬ 光源寺（駒込大観音）

## 六メートルの大観音。縁日には四万六千日分のご利益

お寺らしからぬ外観の観音堂。建物の外からでも十一面観音のお姿を拝める

地下鉄南北線の本駒込駅の南側、向丘二丁目の交差点から団子坂に向けて東に歩くと、左手に瑞泰寺、栄松院、清林寺と寺の山門が続く。

このあたりは昭和四十（一九六五）年までは駒込蓬萊町の一部だった。寺が四刹並ぶこの一角は四軒寺町と称された。いずれも浄土宗の寺院である。

そして四軒目に見えてくるのが「教会？」と思ってしまうほどの白く輝くモダンな建物。これが「駒込大観音」で知られる光源寺の観音堂だ。団子坂に至るこの通りは「大観音通り」と呼ばれている。

駒込大観音の建立は元禄十（一六九七）年。江戸の町人、丸屋吉兵衛による。大和・

東京都文京区向丘2-38-22
［山号］　天昌山
［院号］　松翁院
［寺号］　光源寺
［本尊］　阿弥陀如来
アクセス
地下鉄南北線 本駒込駅から徒歩5分、千代田線 千駄木駅・都営三田線 白山駅から徒歩10分

文京区　浄土宗

## 光源寺［こうげんじ］

長谷寺（現在の奈良県桜井市）の十一面観音を模してつくられた。夏目漱石の『三四郎』にも、この大観音の名が登場する。

　しかし、昭和二十（一九四五）年の東京大空襲で伽藍とともに焼失。平成五（一九九三）年にようやく再建された。

　現在の大観音の高さは約六メートル。建物の中に安置されているが、建物の外からでもガラス越しに金色に輝くお姿を拝むことができる。

境内には千手観音の石像も

右手に錫杖、左手に蓮華の花瓶を携えている

　この観音様は、十一の顔を持つ十一面観音だ。天辺には阿弥陀如来のお顔を戴き、一つひとつの顔であらゆる境遇の人々に接し、救いをもたらしてくれる。

　右手に携えた杖にご注目。煩悩を取り除き、智慧を授ける「錫杖」は一般的には地蔵菩薩の持物である。この大観音は十一面観音と地蔵菩薩、両方のご利益を授けてくださるのだ。なお、大元の長谷寺の十一面観音も同様の佇まいである。

　七月九日と十日は縁日「ほおずき千成り市」で賑わう。この日にお参りすると、なんと四万六千日分ものご利益をいただけるとされている。

《コラム》日本仏教の主な宗派

# 天台宗の基礎知識

六世紀に日本に伝来した仏教は国の庇護のもと奈良の都で栄え、「南都六宗」（三論宗・成実宗・法相宗・倶舎宗・律宗・華厳宗）が花開いた。奈良仏教は信仰というより、学問としての色合いが強かった。

奈良仏教が都をベースとしたのに対し、平安時代に登場した天台宗と真言宗は人里離れた山中に修行の場を開いた。そして、密教（秘密の教え）を用いて、貴族らの現世利益を叶える加持祈禱を行なった。

天台宗はもともと中国で智顗が開き、遣唐使船で唐に渡った最澄が日本に伝えた教えである。しかし、最澄は中国の天台宗をそのまま広めたわけではない。天台宗と禅・戒律・密教を統合し、日本独自の天台宗の開祖として比叡山を開いたのだ。

従来の仏教では「悟れる人と悟れない人がいる」という考え方が主流だったが、最澄は「だれもがひとつの乗り物によって平等に悟れる」という「一乗思想」を唱え、その乗り物として『法華経』を重視した。

天台宗は後に浄土信仰も取り入れた。比叡山は仏教の総合大学として栄え、法然、栄西、道元、親鸞、日蓮といった現在の日本仏教の基盤を築いた宗祖らを続々と輩出した。天台宗は日本仏教の母体ともいえる宗派なのだ。

《コラム》日本仏教の主な宗派

# 天台宗の名僧

天台宗の宗祖、最澄は豪族の家に生まれ、幼いころから神童として注目されていた。十二歳で出家し、十九歳で東大寺の戒壇で正式な僧侶となったものの、エリートコースから自らドロップアウト。人里離れた比叡山に庵を結び、山岳修行に打ち込んだ。

最澄の根底にあったのは、一部の人ではなく、すべての人々を救う仏教を追究する姿勢だ。そのための唯一の「乗り物」として『法華経』を重視。一乗止観院を拠点とした活動は、朝廷の目にもとまり名声を高めた。

教えを究めるため遣唐使船で唐に渡り、天台山などで学んで帰国。天台宗を開いた最澄は後に、他者の救済を重んじる大乗仏教の戒律を授ける大乗戒壇院の設立を朝廷に求めたが既存の仏教界からの反発が強く、ようやく大乗戒壇院の設立が認められたのは没後七日目であった。

当時は現世利益をもたらす密教の人気が高かったが、最澄自身は唐で十分に密教を学ぶことができず、帰国後、空海に教えを請うたほどである。のちにその穴を埋めたのが、弟子の円仁、孫弟子の円珍だった。ふたりは唐で本格的に密教を学び、密教と『法華経』を統合する「円密一致」を確立。天台密教（台密）を築いた。円仁は唐への求法の旅を記した紀行『入唐求法巡礼行記』を著したことでも知られている。

《コラム》日本仏教の主な宗派

# 天台宗の名刹

天台宗の総本山は延暦寺。東塔・西塔・横川の三地域からなり、最盛期には三塔十六谷三千坊と呼ばれる寺域が比叡山の全域に広がっていた。その創建は延暦七（七八八）年。最澄が一乗止観院という道場を開いたのが始まりだ。これが現在の総本堂、根本中堂の起源である。

最澄が東塔地区を開いたのに続き、第二代座主・円澄（えんちょう）は西塔地区を、第三代座主・円仁は横川地区を開いた。仏教教育の中心として、法然、栄西、親鸞、道元、日蓮など多くの名僧を輩出したことでも知られている。

延暦寺は織田信長の焼き討ちにあって多くの伽藍を失ったが、江戸時代には、徳川家康に仕えた僧・天海が再興を果たした。

その江戸時代に比叡山と並び称されたのが、上野の寛永寺、日光の輪王寺（りんのうじ）である。寛永寺が徳川家の菩提寺として栄えたのは本書でも紹介した通り。輪王寺は二荒山（ふたらさん）神社・東照宮とともに日光山をなして信仰を集めている。

世界文化遺産に登録された「平泉」の一角をなす岩手の中尊寺もある。国宝に指定された金色堂をはじめ、平安仏教美術の宝庫である。

長野の善光寺は天台宗と浄土宗の本山を兼ねている点がユニークだ。「牛に引かれて善光寺参り」の言葉で知られるように、全国的な信仰を集めてきた名刹である。

# 第2章

## 練馬区 豊島区 北区

⑭

# 三寶寺

## 地上の曼荼羅（まんだら）、根本大塔（こんぽんだいとう）の麓。「お砂踏み」でバーチャルお遍路

石神井公園と石神井川の間に位置する三寶寺は、六百年以上の歴史を誇る古刹。三寶とは仏教徒が大切にすべき三つの宝、仏（釈迦）・法（教え）・僧侶を意味する。鎌倉・大徳寺（だいとくじ）の幸尊法印が、亀の甲羅のような形の丘に真言密教の道場を開いたのが、亀頂山という山号の由来とされる。

歴史を感じる山門は文政十（一八二七）年に建てられた。たびたび火災などに見舞われた三寶寺において、古（いにしえ）の姿を伝える最古の建築物である。江戸の三代将軍・徳川家光が狩りの際に休息に立ち寄ったことから、この山門は「御成門（おなりもん）」と呼ばれている。

境内でひときわ目を引くのは、本堂から

三代将軍・家光ゆかりの御成門

東京都練馬区石神井台1-15-6

［山号］　亀頂山
［院号］　密乗院
［寺号］　三寶寺
［本尊］　不動明王

アクセス
西武池袋線 石神井公園駅よりバス荻窪駅行き「JA東京あおば」下車徒歩4分

練馬区　真言宗智山派

## 三寶寺［さんぼうじ］

見て西側にそびえる二層の塔「根本大塔」だ。平成八（一九九六）年に開創六百年記念事業として建てられたという。真言宗の総本山、高野山金剛峯寺にある根本大塔と同様のものである。

塔の中には仏・菩薩たちが祀られており、塔そのものが大日如来を中心とする立体の曼荼羅となっている。

その西では、高さ九メートルもの十一面観音像「平和大観音」が陽の光を浴びて白く輝く。その大きさは迫力満点だが威圧感はなく、仰ぎ見る者たちを優しい表情で見守ってくれる。

平和大観音の北にある観音堂には「補陀

建物そのものが曼荼羅を表す根本大塔

落迦」と書かれた額が掲げられている。これはサンスクリット語で「観音菩薩が降り立つところ」を表す「ポタラカ」の音写だ。この亀の甲羅のような丘に、まさに観音菩薩は降り立っているのだ。

## 四国八十八ヶ所を手軽にお遍路

根本大塔と大師堂の間には、木立が生い茂り、木々の間に石碑が並んでいる。けっして墓地ではない。これは「お砂踏み」である。

四国八十八ヶ所霊場のお遍路をしたくても、事情があって現地に行けない者もいる。そこで、四国八十八ヶ所それぞれの「お砂」

## 三寶寺［さんぼうじ］

大師堂の左右には曼荼羅が掲げられている

木立に囲まれた「お砂踏み」

巨大ながら優しい佇まいの平和大観音

を持ち帰り、しかるべき場所に敷いて踏みしめながらお参りすることで巡礼とみなす「お砂踏み」が行なわれるようになった。そのご利益は実際の遍路と同様とされている。

三寶寺のお砂踏みは、木立の中に並んだ石碑を札所(ふだしょ)に見立て順番にめぐっていくスタイル。石碑には、それぞれ「四国二十番　地蔵菩薩　鶴林寺(かくりんじ)」などと各札所の本尊が記されているので迷うことはなさそうだ。

根本大塔の麓で、大師堂の弘法大師空海(くうかい)に見守られながら木立の間を行くミニお遍路は、季節によってさまざまな風情を感じさせてくれるだろう。

真言宗豊山派◉ちょうめいじ

⑮

# 長命寺

東の高野山として名高い霊場。奥之院に弘法大師を偲ぶ

象の背に乗る普賢菩薩

十三仏に囲まれた鐘楼

## 長命寺［ちょうめいじ］

練馬区の高野台は「たかのだい」と読むが、地名の由来は長命寺の山号「東高野山」である。文字通り、東の高野山。弘法大師空海が開いた高野山に倣ってつくられた霊場だ。

本物の高野山といえば密教の修行のため、人里離れた紀伊山地に開かれたが、現代の東高野山は西武池袋線の練馬高野台駅から歩いて五分ほどの便利な立地にある。

とはいえ、豊かな緑に覆われた広大な境内は霊場にふさわしい厳かな空気に包まれており、駅近の住宅地にいることを忘れさせてくれる。その広々とした敷地に、往時の名声を偲ぶことができる。

長命寺は慶長十八（一六一三）年、戦国武将、北条早雲（そううん）のひ孫にあたり、後北条氏の一族である増島重明（慶算（けいさん））が開き、その弟、重俊が諸堂を建立した。その後、江戸時代初期の寛永十七（一六四〇）年には、大和長谷寺小池坊の秀算（しゅうさん）僧正が「谷原山妙楽院　長谷密寺」と号した。

秀算は長谷寺の本尊である十一面観世音菩薩を模した像を本尊として、金堂（観音堂）に安置した。武蔵

東京都練馬区高野台3-10-3
［山号］　東高野山
［院号］　妙楽院
［寺号］　長命寺
［本尊］　十一面観世音菩薩
［都指定文化財］板絵着色役者絵、東高野山奥之院
アクセス
西武池袋線 練馬高野台駅から徒歩5分

野三十三観音霊場の第一番札所がこの長命寺である。

白目が印象的な四天王が安置されている山門（南大門）をくぐると、右手に鐘楼がある。梵鐘は慶安三（一六五〇）年に鋳造されたと伝えられる。鐘楼の周りを取り囲むのは真新しい十三仏の石像たちだ。

山門の正面には本堂、その左手には八角の観音堂がある。ここに本尊の十一面観世音菩薩像が祀られている。

## 高野山を模した奥之院

観音堂の左手に広がるのが、高野山に倣ってつくられた奥之院である。一帯は木々

南大門を守る広目天。筆と巻物を携えている

本尊を安置する観音堂

## 長命寺［ちょうめいじ］

に覆われており、石の敷かれた参道の両側には多くの灯籠や石仏、供養塔などが立ち並ぶ。

参道が続く先にあるのが、弘法大師像が安置されている大師堂（御影堂）だ。周囲に仏塔や石仏たちが並ぶさまは、高野山を模しているという。毎年四月二十一日には秘仏である弘法大師像が開帳され、稚児行列が催される。

高野山は弘法大師の霊場として名高いものの、かつては関東から巡礼に行ける庶民は少なかった。それでも弘法大師にあやかりたいという願いが、こうした身近な信仰の場をもたらしたのだろう。

奥之院に佇む
御影堂

16

# 妙行寺

## 西巣鴨の寺町で信仰を集める、四谷怪談「お岩さん」の菩提寺

お岩さんの墓。今もきれいに保たれている

境内に入るとまず、
魚がし供養塔が迎えてくれる

東京都豊島区西巣鴨4-8-28
［山号］　長徳山
［寺号］　妙行寺
［本尊］　大曼荼羅
※開門時間 8:00〜17:00
アクセス
都営地下鉄三田線 西巣鴨駅・都電荒川線 新庚申塚駅から徒歩5分

都電荒川線の新庚申塚(しんこうしんづか)駅から西ケ原四丁目にかけての線路沿いに延びる「お岩通り」。その名の由来となったのはもちろん、落語や歌舞伎などでおなじみの「四谷怪談」の「お岩さん」である。

お岩通りから都電荒川線の線路を越えたところにあるのが、お岩さんの菩提寺とし

豊島区　法華宗

## 妙行寺［みょうぎょうじ］

うなぎ供養塔（右）と納骨堂（中央）

本堂前には日蓮の像がそびえる

て知られる妙行寺だ。四谷怪談のストーリーはフィクションとされているが、お岩さん自身は実在の女性だったのである。

妙行寺の創建は江戸初期の寛永元（一六二四）年だが、明治四十二（一九〇九）年、当地に移転した。このとき、お岩さんをはじめ田宮家の墓も移されてきた。なお、お岩さんが住んでいたとされる四谷には、お岩さんを祀った於岩（おいわ）稲荷田宮神社、於岩稲荷陽運寺がある。

西巣鴨には仏教系の大正大学もあり、明治時代以降、多くの寺院が都心から移転して寺町を形成した。妙行寺もこうした寺町の一角にある。

境内には、魚がしで犠牲になった生き物たちを供養する「魚がし供養塔」、東京うなぎ蒲焼商組合、東京淡水魚組合による立派な「うなぎ供養塔」が建つ。

お岩さんの墓は、墓地の一番奥。今もお参りに訪れる人の姿が絶えないという。また近くには、赤穂（あこう）事件で知られる浅野長矩（ながのり）の正室・瑤泉院（ようぜんいん）の供養塔もある。

# ⑰ 金乗院（目白不動）

## 江戸五色不動の「目白不動」。弘法大師作の秘仏を伝える

豊島区立高南小学校の東隣に位置する金乗院の歴史は、安土桃山時代、天正年間に遡るとされる。かつては広大な寺領を誇ったものの、昭和二十（一九四五）年に戦災で焼失。現在の本堂は昭和四十六（一九七一）年に再建され、平成十五（二〇〇三）年に改修された。

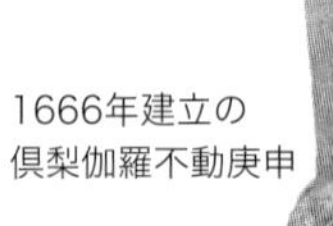
1666年建立の
倶梨伽羅不動庚申

山門前に佇む不動明王

東京都豊島区高田2-12-39
［山号］　神霊山
［院号］　金乗院
［寺号］　慈眼寺
［本尊］　聖観世音菩薩

アクセス
地下鉄副都心線 雑司が谷駅・都電荒川線 学習院下駅から徒歩5分

## 金乗院［こんじょういん］

本堂には聖観世音菩薩が本尊として祀られているが、多くの参拝者のお目当ては、道路沿いの高台に建つ「目白不動堂」に安置された「目白不動明王」だろう。弘法大師の作と伝えられる秘仏である。

実はこの目白不動堂はかつて関口駒井町（現在の文京区関口二丁目）にあった。江戸時代初頭の寛永年間、三代将軍家光の命により目白の号を称するようになったという。この目白不動堂もまた昭和二十年の戦災で焼失したため、金乗院と合併し、この地に移されてきた。現在、目白通り沿いに広がる「文京区目白台」という地名は移転前の目白不動の名残だ。

本堂の左手には真新しい弘法大師像が立ち、右手には「倶梨伽羅不動庚申（くりからふどうこうしん）」と呼ばれる石像が安置されている。刻まれているのは剣を呑（の）む龍の姿だ。不動明王が携えている、煩悩を断ち切る剣のパワーを象徴している。こちらを睨（にら）みつける厳（いか）めしい龍の姿に一瞬息を呑むものの、その下にちょこんと佇む「見ざる・聞かざる・言わざる」の三猿たちについ笑顔がこぼれてしまう。

秘仏を祀る目白不動堂

本堂前に立つ弘法大師像が境内を見守る

真言宗豊山派◉とうかくじ

⑱

# 東覚寺（赤紙仁王）

## 病を癒す「赤紙仁王」。お礼参りに草鞋を奉納

JR山手線の田端駅から南へ約五百メートル。田端八幡神社の隣に位置する東覚寺の門前に、ふたつの真っ赤な物体が佇んでいる。その正体は二体の金剛力士の石像。真っ赤に見えるのは、赤い紙がベタベタと貼り付けられているからだ。「赤紙仁王」として名高い。

赤紙に覆われた阿像（右）・吽像（左）の金剛力士

病気平癒のお礼に奉納された草鞋

東覚寺の山門。谷中七福神の福禄寿も祀られている

## 東覚寺［とうかくじ］

金剛力士は仏教の教えを守る護法神。インドの神様ヴァジュラダラが仏教に取り込まれたものだ。日本では仁王として親しまれている。口を「ア」の形に開いた「阿像」と、「ウン」と結んだ「吽像」の二体が一組になり、お寺の山門などで睨みをきかせていることが多い。赤紙仁王では右が「阿像」、左が「吽像」だ。

延徳三（一四九一）年に遡る歴史を持つ東覚寺に赤紙仁王が登場したのは寛永十八（一六四一）年のこと。宗海という僧侶が江戸で流行した疫病を鎮めるために建立したとされる。明治時代には、具合の悪い部分に赤紙を貼ると病が治ると信じられ、願いが叶った際には草鞋を奉納するという習わしが定着していたようだ。草鞋は仁王様が日夜病人のお見舞いに出かけるために必要であろうとのことからである。

今も祈願に訪れる人の姿が絶えず、赤紙は常に新しい。金剛力士は屋根もない屋外に今日も力強く立ち続けている。

二童子を従えた不動明王の石像

東京都北区田端2-7-3

［山号］　白龍山
［院号］　寿命院
［寺号］　東覚寺
［本尊］　不動明王

アクセス
JR 田端駅北口から徒歩7分

日蓮宗◉きしもじんどう

⑲ 鬼子母神堂
（法明寺飛地境内）

子を喰らう
夜叉の娘が、
子育ての
神様に

東京都豊島区雑司が谷3-15-20
［山号］ 威光山
［寺号］ 法明寺
［本尊］ 鬼子母神
［都指定文化財］ 鬼子母神堂など
［都指定天然記念物］ 大いちょう

アクセス
JR池袋駅・目白駅から徒歩15分。都電荒川線鬼子母神前駅すぐ。地下鉄副都心線 雑司が谷駅から徒歩5分

鬼子母神像

都電荒川線の鬼子母神前駅から延びるケヤキ並木の参道を抜けると、高さ三十三メートルの大いちょう（樹齢約七百年）が迎えてくれる。鬼子母神堂に祀られているのは、安産・子育ての神様として室町時代に出現して以来、信仰を集める鬼子母神だ。

鬼子母神とは古代インドのラージャガハ（王舎城）の鬼神、夜叉の娘ハリーティー（訶梨帝母）のこと。千人の子を産む一方で、近隣の子どもを喰ってしまうため恐れられていた。そこで、釈迦はハリーティーがもっとも可愛がっていた末っ子を隠してしまう。子を失った者の悲しみを知ったハリーティーは過去の過ちを悟って釈迦に帰依し、

## 鬼子母神堂［きしもじんどう］

安産・子育ての神となることを誓ったという。

当地に祀られている鬼子母神は、鬼神の形ではなく、羽衣（はごろも）をまとった天女の姿で表されている。だから「鬼子母神」の「鬼」の字には「ツノ」がない。

供えられた絵馬に描かれているのは、鬼子母神の好物とされるザクロだ。かつて食べていた子どもの頭の代わりにザクロの実を好んで食べたと伝えられている。

江戸時代から続く秋の風物詩「御会式（おえしき）大祭」（十月十六日～十八日）では、万灯（まんどう）や纏（まとい）を掲げた盛大な練り供養が界隈（かいわい）で催され、境内や参道は昔ながらの露店で賑わう。

本尊が安置されている本殿

樹齢約700年の大いちょう

ザクロは鬼子母神のシンボル

《コラム》日本仏教の主な宗派

# 真言宗の基礎知識

奈良時代末期、最澄と同時期に遣唐使船で唐に渡ったのが、真言宗の開祖、空海である。空海は唐の都、長安で恵果(けいか)に師事し、密教のすべての教えを授けられた後、帰国。日本に体系的な密教を初めて伝え、国家鎮護の担い手として朝廷に重んじられた。真言密教の修行の道場として高野山を開き、都では東寺を拠点とした。

最澄がさまざまな教えを統合しようとしたのに対し、空海は密教を至上の教えと位置づけた。

特徴的なのは「即身成仏(そくしんじょうぶつ)」の思想だ。従来の仏教では、悟りの境地に至るには何度も輪廻転生(りんねてんしょう)を繰り返すほどの歳月をかけた修行が必要とされていたが、空海は密教の修行により、生きながらにして仏になれると説いた。森羅万象は大日如来によって生み出されたものであるから、だれもが等しく仏の性質を具(そな)えていると考えられるのだ。

真言宗は即身成仏に至る方法も明らかにしている。すなわち手で印を結び(身密)、口で真言を唱え(口密)、心に仏を思って集中する(意密)、「三密加持」である。

密教を伝える天台宗や真言宗の寺院は、神秘的な曼荼羅や護摩(ごま)の修法など、ビジュアル面のインパクトも大きい。現世利益への願いに応える教えとして、仏教の裾野を大きく広げて発展してきた宗派といえるだろう。

## 真言宗の名僧

空海は宝亀五（七七四）年、讃岐国多度郡（現在の香川県善通寺市）で生まれた。官吏を養成する大学に入ったものの飽き足らず、山岳修行に打ち込んだ。仏教はもちろん梵語・中国語などを学んだとも言われている。ある修行者から「虚空蔵求聞持法」を授かったことも知られており、これは記憶力を格段に高める修法とされる。二十四歳のとき著した『三教指帰（さんごうしいき）』によると、土佐国・室戸岬の洞窟でこの修法を行なっていたところ、口の中に明星が飛び込んでくるという神秘体験をしたという。

延暦二十三（八〇四）年、密教を学ぶため遣唐使船で唐に渡る。無名だった空海がどのように遣唐使一行に加わったのかは未だ謎である。

唐の都、長安では密教の正統を受け継ぐ長安・青龍寺の恵果に師事。空海の能力を見抜いた恵果は異例として短期間ですべての奥義を伝授した後、入寂した。

空海は二十年の留学予定を切り上げて二年で早々に帰国。密教の第一人者として朝廷にも重んじられた。

最新の工法を用いて満濃池を改修するなど、社会事業家としての活躍も知られ、空海が温泉を掘り当てたという伝説は全国に伝えられている。「四国八十八ヶ所」は空海が修行のため遍歴した霊跡をめぐるものである。

## 《コラム》日本仏教の主な宗派

# 真言宗の名刹

空海が真言密教の根本道場として山中に開いたのが高野山金剛峯寺（和歌山県高野町）である。伝統的には、高野山全体が金剛峯寺であるとみなされ、約四万八千坪の境内地に現在、百十七の小院（塔頭寺院）がある。

弘仁七（八一六）年、空海が嵯峨天皇からこの地を賜って以来、高野山の中心となっているのが、金堂、根本大塔、西塔といった堂宇が立ち並ぶ「壇上伽藍」と呼ばれる一画である。高野山に伝えられる仏画・仏像などの貴重な文化遺産は霊宝館で保存・公開されている。

平安京における真言密教の根本道場として栄えたのが東寺（教王護国寺）である。延暦十五（七九六）年、嵯峨天皇が空海に下賜した。世界遺産「古都京都の文化財」の一角をなす。五重塔（国宝）は木造の建築物としては日本一の高さを誇り、京都のランドマークとなっている。

空海亡き後、高野山は勢いを失っていたが、平安時代後期、覚鑁（かくばん）が現れて再興に努めた。ところが根強い抵抗にあい、高野山を追われてしまう。覚鑁が紀州に移って開いたのが根来寺（ねごろじ）（和歌山県岩出市）である。高野山・東寺を中心とする古義真言宗に対して、新義真言宗の拠点のひとつとして発展した。高さ四十メートルの大塔は国宝に指定されており、豊臣秀吉の紀州征伐で焼き討ちにあった際の弾痕が今も残る。

# 第3章

## 足立区 葛飾区 江戸川区 墨田区 荒川区

真言宗豊山派◉そうじじ

20

# 總持寺（西新井大師）

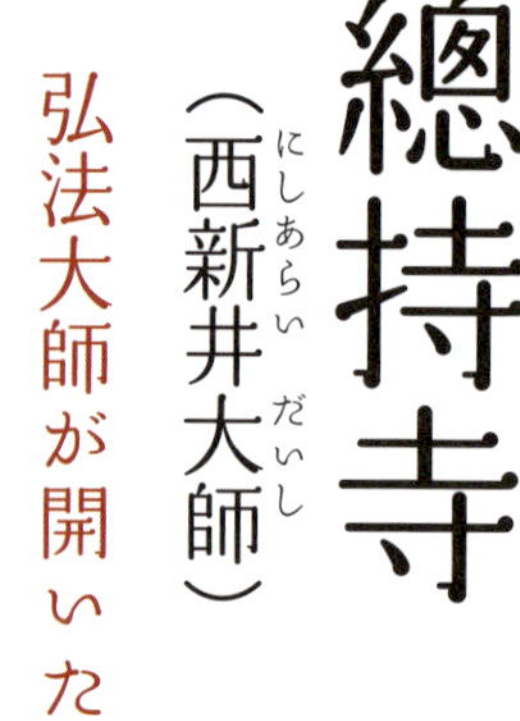

弘法大師が開いた古刹。枯れ井戸から水が湧き、人々の病を癒した

イボ取りなどに功徳のある塩地蔵

西新井という地名の由来ともなった井戸「加持水」

東京都足立区西新井1-15-1

［山号］　五智山

［院号］　遍照院

［寺号］　總持寺

［本尊］　十一面観世音菩薩

［国宝］　蔵王権現像

［国指定重要文化財］　弘法大師像、天台大師像、尊勝曼荼羅図など

アクセス

東武大師線 大師前駅から徒歩5分

本尊の十一面観世音菩薩と弘法大師を祀った大本堂

## 總持寺［そうじじ］

両脇を仁王像が守る山門

「西新井大師」として親しまれる總持寺は平安時代初期の天長三（八二六）年に創建されたと伝えられる。弘法大師空海がこの地を訪れた際、流行り病に悩む人々を救うため、十一面観世音菩薩と自身の姿を彫り、観音像を本尊とし、自身の像を枯れ井戸に安置して二十一日間の護摩祈願を行なった。すると清らかな水が湧き出し、病を癒したという。この井戸がお堂の西にあったことから「西新井」という地名が生まれたとされている。だから東新井・新井といった地名はなく、西新井だけがあるのだ。

　西新井大師の最寄り駅は「大師前」。西新井駅と大師前駅を結ぶ東武大師線には途中駅がなく、路線距離は一キロしかない。西新井大師参詣のためだけに敷かれたような鉄道だ。大師前駅は東京二十三区には珍しい無人駅であり、自動改札機や券売機もない。普段はのどかな駅だが、正月三が日には特別ダイヤとなり、二両編成の電車がピストン輸送で初詣の人々を運ぶ。

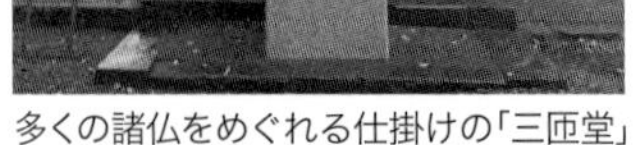
多くの諸仏をめぐれる仕掛けの「三匝堂」

駅前から右に曲がると東参道を通り西新井大師に入れるが、お勧めなのは、いったん左に曲がり表参道を通り、門前町を楽しみながら山門前に出るルート。江戸後期に建立された堂々たる山門をくぐって境内に入ると、大本堂の伽藍が出迎えてくれる。

### 塩地蔵、お砂踏み、女人堂など御利益たくさん

大本堂以外にも参詣スポットは多い。南側にそびえる朱色の塔は「三匝堂（さんそうどう）」。三層の各フロアに八十八体大師像、十三佛、五智如来と二十五菩薩がそれぞれ祀られ、たくさんのご縁が得られる。

山門近くの小さなお堂には、イボ取りな

本堂の裏手にある「奥の院」

「四国八十八ヶ所お砂踏み霊場」（手前）と弘法大師像

どに御利益がある「塩地蔵」が祀られている。お堂の中の塩をいただき、功徳があったら倍量の塩を供える。

本堂の西側には巡礼中の姿をかたどった弘法大師像が立つ。その南側には十一面観世音菩薩の石像を中心とする「四国八十八ヶ所お砂踏み霊場」がある。四国のお遍路の霊場や高野山の砂を石版ごしに踏みしめながら周りをめぐることで、お遍路と同様の功徳を得られるとされている。

その西側にある稚児大師像は、弘法大師が幼少のころの姿。学業成就や子育てにご利益がある。

本堂裏手にあるお堂も見逃せない。弘法大師が開いた高野山の奥の院を祀ったのが「奥の院」。如意輪観音（にょいりんかんのん）を祀った「女人堂（にょにんどう）（如意輪堂）」は女性の願いごとを叶えてくれるという。

さまざまな功徳を授けてくれる諸仏とともに、四季折々に楽しめる豊かな自然もまた私たちの心を和ませてくれる。

# ㉑ 題経寺（柴又帝釈天）

## 「寅さん」の情緒が息づく柴又帝釈天。開山由来の御神水は今も湧き続ける

「わたくし、生まれも育ちも葛飾柴又です。帝釈天で産湯をつかい……」

ご存じ『男はつらいよ』の車寅次郎の口上でも知られるのが柴又帝釈天・題経寺だ。

京成金町線柴又駅の改札を

東京都葛飾区柴又7-10-3
［山号］ 経栄山
［寺号］ 題経寺
［本尊］ 大曼荼羅
［都選定歴史的建造物］ 柴又帝釈天大客殿
［都指定天然記念物］ 瑞龍のマツ
［都指定名勝庭園］ 邃渓園
アクセス
京成金町線 柴又駅から徒歩3分

## 題経寺［だいきょうじ］

出るや、目に飛びこんでくるのはトランクを手にした寅さんの銅像。題経寺へと続く参道の両側には昭和テイストあふれる商店が並び、映画の世界そのままの趣にどっぷり浸ることができる。

題経寺の山門は総欅造り。日光東照宮の陽明門を模したとされている。四天王のうち増長天（右）と広目天（左）を配したことから「二天門」と呼ばれる。ちなみに四天王の他の二天、持国天と多聞天

総欅造りの二天門

は帝釈堂の板本尊（帝釈天）の両側に安置されている。

山門をくぐって境内に入ると、美しく枝を張った松の木と、総欅造りの帝釈堂が迎えてくれる。二天門と帝釈堂は、江戸期建築の名匠、坂田留吉の作である。

題経寺の開創は江戸時代初期の寛永六（一六二九）年。松の根元に泉が湧いていたことから、庵を結んだのが縁起と伝えられる。山門を入って左手には、この泉が今も湧き続けており、御神水としてご利益を授けている。その隣に祀られているのは浄行菩薩。罪や穢れを洗い清めてくれる「水徳の菩薩」である。

## 庚申の日に再発見されたご本尊

そもそも帝釈天とは、古代インドの聖典『リグ・ヴェーダ』に登場する最高神「インドラ神」のこと。もともとは戦いの神だったが、仏教に取り入れられると、梵天とともに仏教を守る守護神となった。東西南北に四天王を従える神々の王であり、釈迦が悟りを得る過程でも重要な役割を果たしたとされる。

題経寺の帝釈堂には、日蓮が自ら帝釈天を板に刻んだとされる板本尊が祀られている。この板本尊は一時期行方不明になっていたが、安永八（一七七九）年の庚申の日、

葛飾区　日蓮宗

## 題経寺［だいきょうじ］

日蓮自刻の板本尊を祀った帝釈堂

開創以来こんこんと湧き出る御神水

いたるところに精緻な彫刻が

本堂改築の際、梁（はり）の上から発見されたという。そのため、庚申の日が帝釈天の縁日となった。

なお題経寺の本堂は帝釈堂ではなく、右手に建つ祖師堂（そしどう）である。明治時代に現在の帝釈堂が建てられるまでは、こちらが帝釈堂だった。

題経寺の伽藍には、いたるところに見応えある彫刻が施されている。とくに帝釈堂の内殿周囲は『法華経』に材をとった精緻（せいち）な彫刻で彩られており、その見事な仕事は、じっくり時間をかけて楽しみたい。「彫刻ギャラリー」として公開されており、帝釈堂に上がって右手に入り口がある。

天台宗◉さいしょうじ

㉒

# 最勝寺（目黄不動）

## 江戸五色不動の「目黄不動」。忿怒の尊像と間近に向き合う

荒川沿いの江戸川区平井一丁目には、寺院が四刹集まる寺町がある。そのうち江戸五色不動のひとつ「目黄不動」として知られるのが最勝寺だ。

その歴史は平安初期の貞観二（八六〇）

東京都江戸川区平井1-25-32
［山号］　牛宝山
［院号］　明王院
［寺号］　最勝寺
［本尊］　釈迦如来
アクセス
JR総武線 平井駅から徒歩15分

右手に煩悩を断ち切る剣、左手に衆生を救い上げる羂索（投げ縄）を携える目黄不動

## 最勝寺［さいしょうじ］

目黄不動が祀られている不動堂

境内には石仏の塔がそびえる

年に遡り、比叡山で最澄に師事した円仁が創建したと伝えられる。もともとは本所表町（現在の墨田区）にあり、大正二（一九一三）年に当地に移転した。

山門を入って右手に位置するのが目黄不動が安置されている不動堂だ。普段、扉は閉まっているが、お寺の方に声をかければお参りさせていただける。

境内は庭木がよく手入れされ、のどかな雰囲気が漂うが、不動堂の引き戸を開けると一変。正面に黒光りする荘厳な目黄不動像が現れる。赤い火焔（かえん）を光背（こうはい）とし、忿怒の形相。左右には矜羯羅童子（こんがらどうじ）と制多迦童子（せいたかどうじ）が脇士（わきじ）として控え、四方を降三世明王（ごうざんぜみょうおう）（東方）、軍荼利明王（ぐんだりみょうおう）（南方）、大威徳明王（だいいとくみょうおう）（西方）、金剛夜叉明王（こんごうやしゃみょうおう）（北方）が固める。

この目黄不動像は、東大寺を開山した奈良時代の僧、良弁の作と伝えられる。規模こそ小ぢんまりしているものの、由緒あるお不動様と間近に向き合え、境内では石仏の塔も拝観できる名刹だ。

㉓

# 弘福寺

## 中国の禅を忠実に伝える黄檗宗のお寺

明朝様式の色濃い山門

東京都墨田区向島5-3-2

［山号］　牛頭山
［寺号］　弘福寺
［本尊］　釈迦如来

**アクセス**
地下鉄半蔵門線・都営浅草線 押上駅から徒歩15分

隅田川沿いの下町、向島。特徴的な山門を構え静かに佇む弘福寺。黄檗宗の寺院で隅田川七福神のひとつ布袋尊を祀っている。

黄檗宗は江戸時代に端を発する禅宗系の宗派。日本仏教十三宗のうち、もっとも新しい。開祖はインゲン豆を日本に伝えたとされる明(みん)の禅僧、隠元である。黄檗宗は明

## 弘福寺［こうふくじ］

大雄宝殿。両翼の円窓が特徴的

池田冠山の墓碑（亀趺）

咳の爺婆尊

代の中国における禅をダイレクトに伝えており、修行の仕方だけでなく、普茶料理と呼ばれる精進料理も隠元が伝えた文化のひとつである。寺院の建築様式も中国風だ。

弘福寺は延宝元（一六七三）年、春日局の孫である稲葉正則が開基となり、隠元に師事した鐵牛道機が開いた。当時の伽藍は江戸の大火や関東大震災で失われてしまったが、再建された山門や本堂（大雄宝殿）、鐘楼に明の様式が色濃く残る。

境内には「咳の爺婆尊」という二基の石像が祀られている。江戸初期の求道僧、風外禅師が自らの両親の姿を刻んだとされ、向かって右の爺は口の中の病に、左の婆は咳止めにご利益があるとして信仰を集めている。祈願が叶ったら、炒豆と番茶をお供えしてお礼参りをする習慣がある。せき止め飴、木札守、中国文化ゆかりの根付守などが有名。

曹洞宗◉えんつうじ

㉔

# 円通寺

## 戊辰(ぼしん)戦争の賊軍を供養。巨大な観音像が彰義隊士(しょうぎたいし)の墓所を見守る

境内を見守る巨大な観音菩薩

東京都荒川区南千住1-59-11

［山号］　補陀山

［寺号］　円通寺

［本尊］　聖観世音菩薩

［都指定旧跡］彰義隊戦死者の墓

アクセス

地下鉄日比谷線 三ノ輪駅から徒歩7分

明治維新の際、新政府軍と旧幕府軍が日本を二分して戦った戊辰戦争。その壮絶な戦いのひとつが、渋沢成一郎・天野八郎らからなる彰義隊が壊滅に追い込まれた上野戦争（一八六八年）である。

賊軍とされた彰義隊の遺体は戦場に放置

今も弾痕が残る「寛永寺の黒門」

荒川区　曹洞宗

## 円通寺［えんつうじ］

彰義隊の墓。今も参拝に訪れる人が絶えない

されたままとなった。これを忍びなく思い供養したのが円通寺の二十三世、大禅佛磨大和尚だ。官軍に斬首されかねない決死の行ないであったが、無事、官軍から供養の許しを得ることができ、円通寺は旧幕府軍の戦死者を供養できる唯一の寺として信仰を集めるようになった。

円通寺の歴史は古く、奈良時代末期の延暦十（七九一）年、坂上田村麻呂が創建したと伝えられる。江戸時代には下谷の広徳寺（現在は練馬区桜台にある）、入谷の鬼子母神（真源寺）とともに「下谷の三寺」として知られていた。

境内には彰義隊士の墓があり、二百六十六名が葬られている。上野の西郷隆盛像の背後にある「彰義隊戦士之墓」は彼らが荼毘に付された場所である。

山門から見える黒塗りの門は「寛永寺の黒門」。彰義隊が最後の砦とした寛永寺の門が、明治四十（一九〇七）年に帝室博物館から移されたものだ。今も残る数多くの弾痕を目の当たりにすると、モダンなつくりの本堂にそびえる巨大な観音菩薩に思わず手を合わせたくなる。

《コラム》日本仏教の主な宗派

# 浄土宗・浄土真宗の基礎知識

平安時代末期から鎌倉時代にかけて、仏教の教えが衰えて世が乱れるという「末法思想」が流行した。救いを求める人々の気持ちに応えたのが、「南無阿弥陀仏（阿弥陀仏に帰依します）」の念仏を唱えることで極楽浄土に往生しようという浄土信仰である。ここから生まれたのが、良忍の「融通念仏宗」、法然の「浄土宗」、親鸞の「浄土真宗」、一遍の「時宗」だ。厳しい修行などしなくても、念仏さえ唱えれば救われるという教えは、庶民に広く受け入れられた。

浄土宗を開いた法然はただひたすら念仏を唱える「専修念仏」を説いた。『無量寿経』というお経の中で、阿弥陀如来は「一心に南無阿弥陀仏と唱えれば必ず救済する」と誓っている。念仏こそ極楽往生の唯一の道だと法然は考えた。

法然に師事した親鸞は、専修念仏の教えをさらに推し進めた。極楽往生は阿弥陀如来の誓いによってすでに約束されているのだから、阿弥陀如来にすべてを委ね（他力本願）、救済への感謝の気持ちを込めて念仏を唱えようと説いた。

親鸞は出家僧としての戒を破り、公然と妻帯して子をもうけた。あらゆる人を差別なく救うという阿弥陀如来の誓いを、身をもって示そうとしたのかもしれない。親鸞を開祖とする浄土真宗は、子孫らによって発展し、現在、日本最大の信徒数を誇る宗派となっている。

# 浄土宗・浄土真宗の名僧

浄土宗の宗祖・法然は十三歳で比叡山に入り、西塔の黒谷で叡空のもとで学んだ。厳しい修行をしなくとも、念仏を唱えることでだれもが救われるという専修念仏の教えで信仰を集めた。しかし、これに危機感を抱いた既存の仏教教団が強く反発。建永元（一二〇六）年には朝廷が念仏停止を命じた。法然は土佐に、その弟子たちも各地に流罪となってしまう。

その弟子の中に、後に浄土真宗の宗祖となる親鸞がいた。越後に流され、僧籍も奪われた親鸞は、非僧非俗（僧侶でも俗人でもない）の立場で念仏の教えを説き続けた。

親鸞は流罪を解かれた後、妻子とともに関東に向かい、常陸国に居を構えて約二十年間にわたって教えを広めた。晩年は京都で著作活動に打ち込んだとされている。

親鸞自身は教団を形成する意図を持たなかったが、子孫を中心とする門弟たちが教団を拡大していった。親鸞没後、末娘である覚信尼が墓所「大谷廟堂」を建立。親鸞の曽孫・覚如が本願寺と号し、血脈による継承を確立した。浄土真宗が日本最大の宗派に成長する過程で大きな役割を果たしたのが、十五世紀に現れた蓮如である。親鸞から八代目にあたる蓮如は、教えを手紙の形で説いた「御文（御文章）」を用いて布教を行なったことで知られている。

《コラム》日本仏教の主な宗派

# 浄土宗・浄土真宗の名刹

浄土宗の総本山は京都の知恩院。法然が布教活動の拠点とした草庵があった地に建てられた。現在のような伽藍が整えられたのは江戸時代以降のことである。寛永十六（一六三九）年、徳川家光によって建立された御影堂（大殿）、および、元和七（一六二一）年に建立された三門は国宝に指定されている。

浄土真宗には主な分派が十派ある。最大の浄土真宗本願寺派は西本願寺（本願寺）を、次に大きい真宗大谷派は東本願寺（真宗本廟）を本山としている。西本願寺は阿弥陀堂（本堂）、御影堂など多くの建造物が国宝に指定されており、古都京都の文化財として世界遺産にも登録されている。一方、東本願寺は江戸時代にたびたび火災にあったため、伽藍の多くは明治以降に建てられたものである。

親鸞ゆかりの寺院は数多いが、西念寺（さいねんじ）（茨城県笠間市稲田）は浄土真宗の別格本山とされている。親鸞が『教行信証』の執筆に打ち込んだ地とされ、本願寺派・真宗大谷派の両方が立教開宗の聖地と定めているからだ。約二十年にわたって暮らした地なだけに、多くの足跡が残されている。自ら草庵の庭に植えたと伝えられる「お葉付きいちょう」、親鸞の杖から巨木に育ったとされる「お杖杉」、遺骨の一部を納めた御頂骨堂などが、親鸞の面影を伝えてくれる。

# 第4章

## 中央区
## 港区
## 新宿区

# ㉕ 増上寺

## 徳川家の菩提寺。大門から大殿へ、浄土への道程を辿(たど)る

増上寺の開山は明徳四（一三九三）年。武蔵国豊島郷貝塚（現在の千代田区）に念仏道場として開かれ、関東における浄土宗の中心的存在として発展した。

安土桃山時代には徳川家康が菩提寺とし、慶長三（一五九八）年に現在の地に移転。家康の葬儀は増上寺で行なわれた。江戸時代には将軍家の庇護を受けて隆盛を極めた。二十五万坪に及ぶ境内に伽藍が立ち並び、三千人もの修行僧が学ぶ檀林（学問所）としても名を馳せた。

明治維新後、神仏分離政策によって寺領

黒本尊が祀られている安国殿

東京都港区芝公園4-7-35
［山号］　三縁山
［院号］　広度院
［寺号］　増上寺
［本尊］　阿弥陀如来
［国指定重要文化財］　三解脱門、紙本著色法然上人伝2巻、大蔵経 宋版・元版・高麗版、花園天皇宸翰宸記目録上

アクセス
都営地下鉄三田線 御成門駅から徒歩3分、都営浅草線・大江戸線 大門駅から徒歩5分

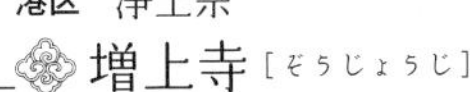

## 増上寺［ぞうじょうじ］

三解脱門は国の重要文化財

が縮小した上、二度にわたる大火で多くの堂宇を焼失。昭和二十（一九四五）年の空襲でも五重塔や徳川家霊廟などを失った。

とはいえ、東京タワーを背景にそびえる大殿（本堂）をはじめ、その威容は健在だ。

増上寺の総門（大門）は、日比谷通りの東側、芝大門交差点にある。ビルの谷間に佇む大門は昭和十二（一九三七）年に再建されたもの。地名の由来ともなった。

大門の西、日比谷通り沿いにそびえる「三解脱門（三門）」は元和八（一六二二）年に建立され、空襲を生き残った。大門から三門までの距離は約百八間（約二百メートル）。三門をくぐることで、百八の煩悩か

東京タワーを背景にそびえる大殿

ら解き放たれるという趣向だ。

三門からは大殿に向けてまっすぐ参道が延びる。距離は約四十八間。これは阿弥陀如来の誓い「四十八願」を象徴している。

最初に上る階段は十八段。四十八願の中でもとくに重要な「第十八願」を意味する。大殿へと上る階段は二十五段。これは二十五菩薩を表しているという。

威風堂々たる大殿には、本尊である阿弥陀如来が安置されている。大殿が境内の西側にあるのは、阿弥陀如来の住まう極楽浄土は西方にあるとされているからだ。大門から三門を経て大殿へと至る参詣路は、俗世から極楽浄土への道程そのものなのだ。

## 増上寺［ぞうじょうじ］

将軍家の墓所を守る鋳抜門

千躰子育地蔵尊

### 六人の将軍が眠る墓所

大殿右手の安国殿には、家康が尊崇した「黒本尊」と呼ばれる阿弥陀如来像が祀られている。多くの災厄から家康を救ったとされる霊験あらたかな秘仏である。

安国殿の西側にある徳川将軍家墓所には、二代秀忠をはじめ六人の将軍、および、その正室・側室、子女などが葬られている。かつては壮麗な霊廟が立ち並んでいたが、空襲の直撃を受けて焼失し、戦後、この地に改葬された。墓所の入り口には、見事な龍の鋳抜かれた青銅製の扉「鋳抜門」があり、往時の威容を伝えている。

㉖

# 善國寺

## 二頭のトラを従えた「神楽坂の毘沙門様」。ご利益は商売繁盛からチケット当選まで

毘沙門天の使いのトラが本堂を守る

神楽坂の途中に現れる、朱色の山門。「神楽坂の毘沙門様」と親しまれている善國寺だ。創建は文禄四（一五九五）年。徳川家康と旧知の間柄だった日惺（にっせい）上人が、自らの毘沙門天像を前に徳川家の安泰と天下泰平を祈願し、それを知った家康が上人に寺地を与えて日本橋馬喰町に善國寺を創建。その後、寛文十（一六七〇）年に火災で焼失した善國寺を水戸光圀（みつくに）が再建した。

寛政五（一七九三）年、善國寺が神楽坂に移ってくると、門前は繁華街をなし、武家屋敷の町だった界隈に賑わいをもたらした。浅草の正法寺（しょうほうじ）、芝の正伝寺（しょうでんじ）とともに「江戸三毘沙門」として信仰を集め、縁日には

東京都新宿区神楽坂5-36
［山号］　鎮護山
［寺号］　善國寺
［安置佛］　毘沙門天
**アクセス**
JR飯田橋駅から徒歩7分、地下鉄有楽町線・南北線 飯田橋駅から徒歩5分、東西線 神楽坂駅から徒歩6分、都営大江戸線 牛込神楽坂駅から徒歩6分

## 善國寺［ぜんこくじ］

神楽坂のランドマーク、
善國寺の山門

トラの石像は1848年に奉納されたもの

「山の手銀座」と呼ばれるほどの賑わいを見せたという。東京における縁日の発祥の地とも言われている。

毘沙門天はもともとインド神話における財宝の神クベーラが、仏教の守護神として取り入れられたもの。サンスクリット語の「ヴァイシュラヴァナ」を音訳したのが「毘沙門天」、意訳したのが「多聞天」である。四天王の一員として北方を守り、人々の願いを「多く聞く」と信じられている。また七福神の一員として、商売繁盛・厄除けのご利益があるとされる。

毘沙門天像が安置されている本堂の左右では、二頭のトラが睨みをきかせている。毘沙門天は寅（とら）の月・寅の日・寅の刻に生まれたとされるからだ。正月・五月・九月の初寅（はつとら）の日には尊像がご開帳される。

嵐の二宮和也さん主演のドラマ『拝啓、父上様』（二〇〇七年放映）の舞台となったことから、近年は「嵐の聖地」として知られ、コンサートチケットの当選を願うファンの絵馬が数多く奉納されている。

浄土真宗本願寺派◉つきじほんがんじ

# 27 築地本願寺

## 親鸞聖人（しょうにん）の教えを伝える、開かれた念仏（ねんぶつ）道場。インド様式の建築にステンドグラスが映（は）える

築地市場・場外市場があり、早朝から賑わう築地の街。六時半になると鳴り響く鐘の音は、築地本願寺の梵鐘だ。

築地本願寺の発祥は江戸時代の初め、元和三（一六一七）年のこと。浄土真宗本願

東京都中央区築地3-15-1

［本尊］阿弥陀如来

［国指定重要文化財］本堂、門柱（正門・北門・南門）、石塀

**アクセス**

地下鉄日比谷線 築地駅から徒歩1分、有楽町線 新富町駅・都営浅草線 東銀座駅・都営大江戸線 築地市場駅からそれぞれ徒歩5分

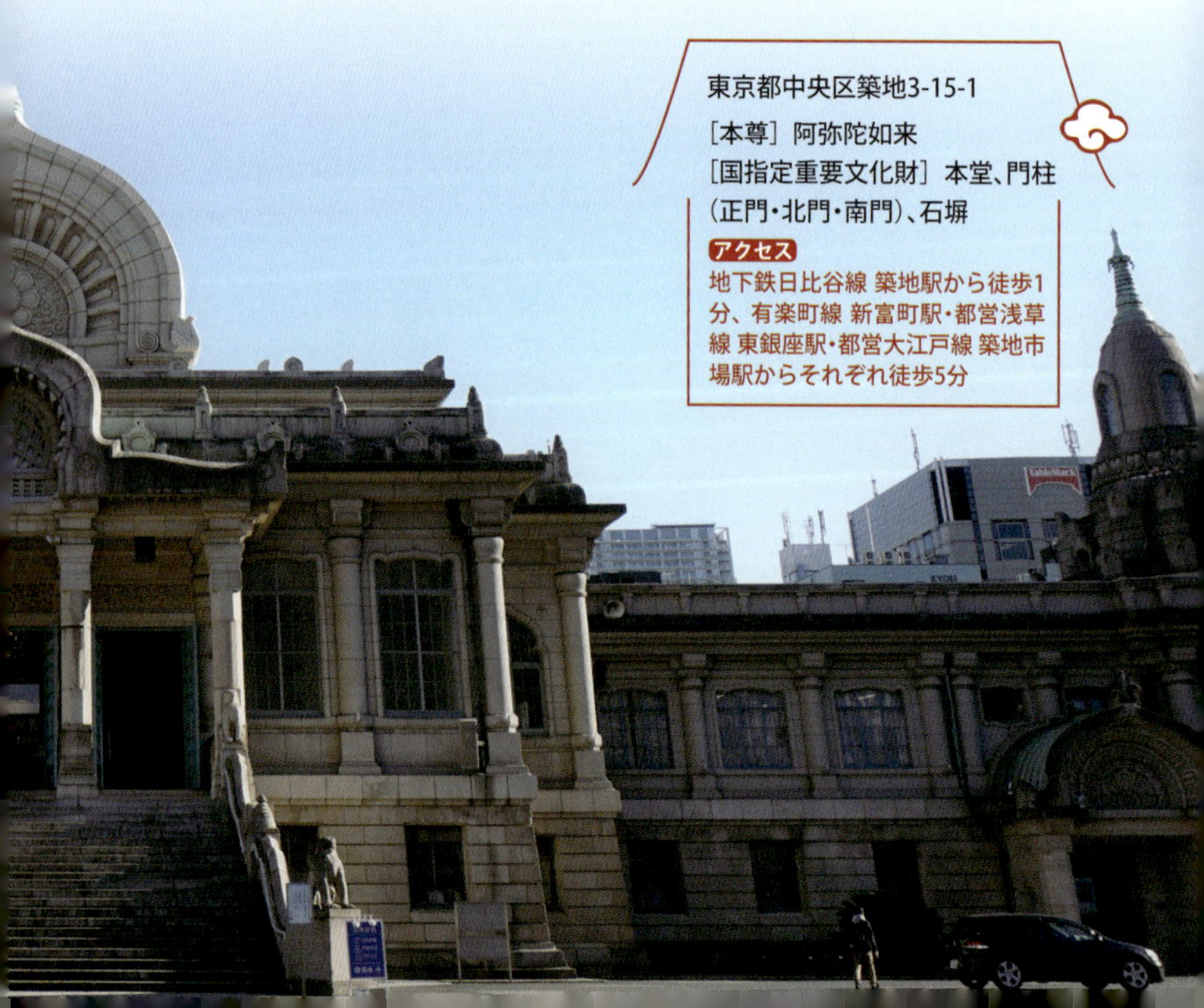

## 築地本願寺［つきじほんがんじ］

寺派の本山、京都西本願寺の東京別院として建立された。

　当時は浅草・横山町にあったことから「江戸浅草御堂（みどう）」と呼ばれていたが、明暦の大火（一六五七年）で焼失。幕府による区画整理のため代替地として指定された八丁堀の海を、佃島（つくだじま）の門徒が中心となって埋め立てた。「築地」の地名は文字通り「地を築いた」ことに由来する。

　延宝七（一六七九）年、埋立地に「築地御坊」が建立された。

境内のあちこちに動物の姿が

インド様式の石造り。左手の塔が鐘楼

当時の本堂は西南が正面だったため、今の場外市場周辺が門前の寺町として栄えた。

その後、築地御坊は関東大震災（一九二三年）で焼失。昭和九（一九三四）年、建築家・伊東忠太氏の設計による現在の本堂が完成した。地震にも火事にも強い石造り。日本の寺院には珍しい外観は、仏教が生まれた古代インドの様式を取り入れた建築だ。中央の半円形のドームは菩提樹の葉がモチーフとなっている。

## パイプオルガンの音が浄土に誘う

有翼の獅子（しし）が見守る階段を上ると、見事なステンドグラスをあしらった本堂の扉が迎えてくれる。

本堂は広々とした空間となっており、手前は参拝者のための椅子がずらりと並ぶ外陣（げじん）。正面奥には、きらびやかに彩られた内陣があり、本尊の阿弥陀如来が安置されている。

内陣より外陣のほうがずっと広いのは、念仏のために多くの人々が集まる道場こそが寺院の原点だから。特別な人のためでなく、分け隔（へだ）てなく教えを説いた親鸞聖人の志を受け継ぐ浄土真宗ならではの寺院のつくりだ。実際、境内は一般に向けて広く開かれており、日々のお勤めや法話、仏教講座など、気軽に仏教に触れられる機会も数

## 築地本願寺［つきじほんがんじ］

本尊・阿弥陀如来像

不思議な獅子の像

荘厳な音色を奏でるパイプオルガン

本堂の扉とステンドグラス

多く用意されている。
本堂に入って振り返ると、頭上には銀色のパイプが並んでいる。この、お寺らしからぬ（?）パイプオルガンで、仏教讃歌などを演奏するコンサートも開催されている。
インド風の建築に、キリスト教会のようなステンドグラスとパイプオルガン、そして、伝統的な日本仏教の荘厳。この多文化のコラボレーションが実に「東京」らしい。
伊東忠太氏は妖怪や幻獣が好きだったことで知られ、築地本願寺にも仏教ゆかりの動物・幻獣たちをモチーフにした装飾が随所にちりばめられている。参拝がてら珍獣を探してみるのも楽しいだろう。

曹洞宗◉みょうごんじ

28

# 妙厳寺（豊川稲荷東京別院）

神社のようで、実は寺院。白狐に跨る「吒枳尼真天」を祀る

千本のぼりと狐たち

インドで生まれた仏教は、もともとインドにあった神々への信仰を排除することなく、仏教を守る護法神として取り入れることで庶民の間に広まっていった。東南アジ

吒枳尼真天の碑を狐たちが取り囲む霊狐塚

東京都港区元赤坂1-4-7

［山号］　圓福山

［寺号］　妙厳寺

［本尊］　吒枳尼真天

アクセス

地下鉄銀座線・丸ノ内線 赤坂見附駅から徒歩7分

## 妙厳寺［みょうごんじ］

本殿前を守る2匹の狐

アや東アジアでも、仏教は古来の信仰と折り合いをつけながら浸透した。

日本でも廃仏毀釈(はいぶつきしゃく)などの歴史的な紆余曲(うよきょく)折(せつ)はあったものの、お寺と神社は共存し、多くの日本人は神道と仏教の両方を違和感なく受け入れている。

お寺と稲荷が入り混じった不思議な雰囲気が漂うのが豊川稲荷だ。稲荷という名前から「お稲荷さん」を祀った神社のような印象を受けるが、実は妙厳寺という、れっきとした曹洞宗のお寺。愛知県豊川市に本山がある古刹である。今川義元、織田信長、豊臣秀吉、徳川家康など、錚々(そうそう)たる武将たちの信仰を集めた。

## インドの女夜叉、ダーキニーに由来

豊川稲荷が祀っているのは「吒枳尼真天」という神様。もともとはインドの女夜叉ダーキニーだ。人の死を察知し、死者の心臓を食べるという。インド仏教では、大黒天に調伏されて仏教の守護神とされた。これが日本に伝わり、稲穂を背負って白狐に跨る女神の姿で表されるようになった。狐に乗っていることから、日本古来の稲荷信仰と結びつき、お寺でありながら「稲荷」と呼ばれるようになったという。

豊川稲荷東京別院は、江戸の名奉行・大岡越前守忠相が信仰していた吒枳尼真天の尊像を祀っている。明治二十（一八八七）年、赤坂一ツ木の大岡邸から現在の地に移され、豊川稲荷直轄の別院となった。国道二四六号線沿いにずらりと並ぶ赤い提灯が印象的だ。

## 「千本のぼり」が林立。境内は狐づくし

山門を入ると、まずはお寺らしい風景が広がる。しかし、よく見ると、堂々たる本殿の前で睨みをきかせるのは、太い尻尾を立てた二匹の狐である。

大岡越前の御廟の前を通り過ぎるあたりから様相は一変。奥の院に向かう参道には鳥居がそびえ、おびただしい数の紅白の「千

## 妙厳寺［みょうごんじ］

子宝を授けるとされる子宝観音

名奉行として知られる大岡越前の御廟

愛欲の煩悩を悟りに変える愛染明王

霊験あらたかな招福利生大黒天

本のぼり」がぎっしりと立ち並ぶ。多くの狐の像が奉納された霊狐塚をはじめ、境内は吒枳尼真天ゆかりの狐づくしだ。

　このほか、子宝祈願の「子宝観音」、金銀財宝を融通してくれる「融通稲荷」、苦しみを引き受ける「身がわり地蔵」、縁結びにご利益のある「愛染明王」、吒枳尼真天とゆかりの深い「招福利生大黒天」などが揃い、あらゆる願いを叶えてくれそうだ。この境内だけで七福神すべてに参拝することもできる。

　都会の真ん中、深い緑に覆われた森の中で出会う狐たちは、神と仏の境を越えたパワーと癒しを授けてくれそうだ。

29

# 善福寺

## 空海が開いた都内屈指の古刹。アメリカ公使館が置かれ、福澤諭吉が眠る

親鸞が開いた浄土真宗は、信徒数千百万人以上を誇る日本最大の仏教宗派である。それゆえにお寺の数も最多なのだが、そのわりには有名な寺院が少ないことにお気づきだろうか。

親鸞聖人像。境内の背後には高層ビルがそびえる

東京都港区元麻布1-6-21

［山号］　麻布山
［寺号］　善福寺
［本尊］　阿弥陀如来
［国指定重要文化財］木像了海坐像
［国指定天然記念物］善福寺のいちょう
［港区指定有形文化財］善福寺本堂

アクセス
地下鉄南北線 麻布十番駅から徒歩5分、都営大江戸線 麻布十番駅から徒歩10分

## 善福寺［ぜんぷくじ］

浄土真宗は阿弥陀如来にすべてを委ねることを旨とするため、原則として他の如来や菩薩、明王といった尊格を祀らない。「お守り」「お札」「厄払い」「おみくじ」などの類も迷信として否定されている。

お寺に行っても、参拝できるのは本尊の阿弥陀如来と親鸞の像ぐらい。いかにもご利益のありそうな菩薩や明王の姿がなく、お守りやお札も売られていない境内は寂しいかもしれない。

しかし、浄土真宗のお寺にも、それぞれ由緒があり、訪ねてみると色々な発見があるものだ。歴史的に重要な役割を果たした寺院も数多い。

親鸞聖人が地面に刺した杖から生長したと伝えられる「逆さいちょう」。樹齢は推定750年以上

そんなお寺のひとつが港区元麻布の善福寺だ。創建は平安時代の天長元(八二四)年。空海が高野山を模して開いたと伝えられている。

鎌倉時代、比叡山で修行した了海が住職を務めていたとき、親鸞がこの地を訪れた。その教えに魅かれた了海は、真言宗から浄土真宗に宗派を改め、関東への布教に大きな役割を果たしたとされる。

現在の本堂はもともと、徳川家康が東本願寺八尾別院大信寺の本堂として建てたものだ。その建築物が昭和三十六(一九六一)年に大阪からこの地に移築された。江戸時代には多くの末寺と広大な寺領を擁する大寺院だった。現在も地名として残っている「虎ノ門」は善福寺の山門だったという。

また、善福寺はアメリカ公使館が初めて置かれた場所としても知られている。幕末の安政五(一八五八)年、日米修好通商条約が結ばれると、駐日領事を務めていたタウンゼント・ハリスが初代公使に就任。明治八(一八七五)年まで善福寺をアメリカ公使館として使用した。

この公使館に出入りしていたのが、後に勝海舟やジョン万次郎らとともに咸臨丸で渡米することになる福澤諭吉である。善福寺を菩提寺としていた福澤諭吉は妻・阿錦とともにこの地に眠っている。

港区　浄土真宗本願寺派

## 善福寺［ぜんぷくじ］

福澤諭吉夫妻のお墓

初代アメリカ公使タウンゼント・
ハリスの碑

空襲で焼失し、1980年に
再建された勅使門

曹洞宗◉てんりゅうじ

30

# 天龍寺

## ビル群の狭間に時空を超えて佇む徳川家ゆかりの名刹

新宿駅の新南口にそびえるタカシマヤタイムズスクエア。その東側に、明治通りと甲州街道が交わる新宿四丁目交差点がある。華やかな明治通りから一歩裏通りに入ると、雰囲気は一変。新宿荘、さがみ、やまと、すえひろ、中田家……。好立地にも

江戸の色町に響いた「時の鐘」。今も年末には煩悩を払う「除夜の鐘」の音が響く

東京都新宿区新宿4-3-19
［山号］　護本山
［寺号］　天龍寺
［本尊］　観世音菩薩
アクセス
地下鉄丸ノ内線・副都心線・都営新宿線 新宿三丁目駅から徒歩1分

## 天龍寺［てんりゅうじ］

蓮華の台座に佇む観音菩薩

かかわらず、一泊四千円程度から個室に泊まれるビジネスホテルや旅館、外国人旅行者向けの格安ゲストハウスが軒を連ねる。

このあたりは江戸時代に開けた「内藤新宿」。日本橋を起点とする甲州街道の最初の宿場町であり、色町としても栄えた。そもそも新宿という地名は、この内藤新宿に由来するのだ。明治以降は、日雇い労働者の木賃宿や連れ込み旅館（現在のラブホテル）も集まっていた。作家・林芙美子が自伝的小説『放浪記』の中で「新宿の旭町の木賃宿へ泊った」と書いているが、その旭町が、まさにこのあたり。旭町は戦後、新宿四丁目と名を改めた。

### 色町に時を告げる「追出しの鐘」

新宿三丁目駅E5出口を出て左、明治通り沿いに徒歩一分弱。八階建てのビルに挟まれた天龍寺の山門が唐突に現れる。

間口こそビルの谷間で窮屈そうだが、山門の向こう側には、この大都会にあっては贅沢の極みともいえる敷地が広がる。本堂

明治通り沿いの
ビルの谷間に立つ山門

の扉をはじめ、いたるところに見られる「三つ葉葵（あおい）」の御紋が威厳を放つ。

天龍寺の前身は、天竜川のほとり、遠江（とおとうみ）国の法泉寺（ほうせんじ）。徳川家康の側室、西郷局（さいごうのつぼね）の父、戸塚忠春の菩提寺だった。後に江戸・牛込に移され、江戸城の裏鬼門を守護する寺とされたが、天和の大火（一六八三年）で焼失。歓楽街・内藤新宿に移転した。

隣のビルに見下ろされて佇む鐘楼は、江戸時代に活躍した「時の鐘」。内藤新宿で朝まで遊びに興ずる人々を追い出す役割があったため「追出しの鐘」と呼ばれた。

天龍寺の鐘は他の地よりも三十分ほど早く鳴ったという。内藤新宿は江戸城から遠

## 天龍寺［てんりゅうじ］

いため、登城に時間がかかる。通勤する武士たちの遅刻防止のため、早めに時を告げたのだ。時を刻んだ「やぐら時計」もまた天龍寺の文化財として伝えられている。

### 「水琴窟」の音色に喧噪を忘れる

敷地の奥には墓地が広がる。真っ赤な召し物のお地蔵様が端麗に並んで迎えてくれる。蓮華の台座に佇む観音菩薩の立像も、都会の煩悩に溺れる私たちを見守っている。

観音様の裏手では、境内に湧く井戸水を用いた「水琴窟」が、訪れる人をひっそりと待つ。地下に瓶を埋め、その空洞に水滴を落とすことで響く微かな水音を愛でる、日本庭園ならではの風流な仕掛けだ。

竹筒に耳を当てて心をしずめると、明治通りの喧噪が遠ざかり、神秘的な水音が響くのが聞こえる。大都会のど真ん中、ここだけぽっかりと青空が開けた境内で、しばし静謐な禅の境地の一端を味わえそうだ。

葵の御紋が扉を彩る本堂

喧噪を忘れさせてくれる水琴窟

《コラム》日本仏教の主な宗派

## 臨済宗・曹洞宗の基礎知識

坐禅によって悟りを目指すのが禅の教えだ。古代インドで釈迦が悟ったのと同じ方法である。禅はインドの達磨によって中国にもたらされ、日本には主に臨済禅と曹洞禅が伝えられた。

日本の臨済宗の開祖は栄西である。比叡山で天台宗の教えなどを学んだ後、宋に渡り、臨済禅を日本に伝えた。

臨済宗の禅の特徴は、「公案」という課題に向き合うこと。いわゆる「禅問答」のような難解な課題に師弟で取り組むことで、自分の心の中にある仏の性質を体得していく修行である。

日本の曹洞宗の開祖・道元は、栄西の高弟・明全（みょうぜん）に師事した。宋に渡って禅を学んでいたとき、あらゆる束縛から解放された「心身脱落」の境地に達したという。

曹洞宗の禅は「只管打坐（しかんたざ）」、すなわち、ただひたすら座る坐禅である。悟りという目的さえ意識してはならない。無心で坐禅に打ち込むことで、自分の心身と宇宙が一体となる「即心是仏（そくしんぜぶつ）」の境地に至る修行である。また、修行は悟りの手段ではなく、修行と悟りは同じものだとする「修証一如（しゅしょういちにょ）」の考えのもと、食事や仕事といった日常生活もすべて修行であるとみなす。

禅の精神は茶道、武道、庭園、書画など、日本文化に大きな影響を及ぼし、「日本仏教＝禅」というイメージを世界的に印象づけた。

# 臨済宗・曹洞宗の名僧

臨済宗の宗祖・栄西は神官の子として生まれた。比叡山延暦寺で天台教学・密教などを修した後、二度にわたって宋に留学。天台山で学んで最新の臨済禅を日本に持ち帰った。栄西は禅のみでなく、天台教学や密教を併せて学ぶ「兼修禅」を説いた。当時、禅は比叡山から弾圧されていたが、鎌倉に移った栄西は幕府の庇護を得ることができ、禅の道場として建仁寺（けんにんじ）を開いた。また、『喫茶養生記』を著し、喫茶の習慣を伝えたのも栄西である。

栄西の高弟、明全に師事したのが道元である。道元は正治二（一二〇〇）年生まれ。一度は比叡山に入ったものの、下山して建仁寺で禅を学んだ。明全とともに宋に渡った後、天童如浄（てんどうにょじょう）のもとで曹洞宗の禅を学び、印可（悟りの証明書）を受けた。帰国後、万人に坐禅を勧める『普勧坐禅儀』を著した。これが日本における曹洞宗の始まりである。

寛元二（一二四四）年、越前国に大佛寺（後の永平寺）を開創。ひたすら坐禅に打ち込む「只管打坐」の教えを説いた。

道元は亡くなる前年の建長四（一二五二）年まで二十年以上をかけて、八十七巻に及ぶ『正法眼蔵（しょうぼうげんぞう）』を著した。当時、日本の仏教書は漢文で書くのが一般的だったが、『正法眼蔵』は和文で記されたという点で画期的である。

# 臨済宗・曹洞宗の名刹

臨済宗には「鎌倉五山」「京都五山」と呼ばれる寺院の格付け制度がある。京都で五山をしのぐ「別格」と位置づけられているのが南禅寺である。正応四（一二九一）年、出家した亀山法皇が創立。宋に渡って十年以上修行した無関普門（大明国師）が開山にあたった。狩野派の障壁画で知られる方丈（住職の住まい）は国宝に指定されている。また方丈の庭園は「虎の子渡しの庭」と称される枯山水の傑作。小堀遠州作と伝えられる。なお、金閣寺（鹿苑寺）・銀閣寺（慈照寺）も臨済宗の寺院である。

鎌倉五山の第一は建長寺。北条時頼が創建し、南宋から渡来した禅僧・蘭渓道隆が開山した。

曹洞宗では永平寺（福井県永平寺町）と總持寺（神奈川県横浜市）の二本山体制が確立されている。道元が開いた永平寺には山門・仏殿・法堂・僧堂・庫院・浴室・東司の七堂伽藍が揃い、禅僧たちの修行の中心地となっている。

總持寺は元亨元（一三二一）年、瑩山が能登（今の石川県）で寄進を受けて創建した。ところが明治三十一（一八九八）年に火災で伽藍を失い、明治四十四（一九一一）年に横浜市鶴見に移った。そのため伽藍の多くは新しいが、大正から昭和初期にかけての木造建築も数多く、仏殿や大僧堂などが登録有形文化財となっている。

# 第5章

## 大田区 品川区 目黒区 世田谷区

31

# 池上本門寺

## 日蓮聖人入滅の地に開かれた七大本山のひとつ。力道山、ここに眠る

日蓮宗の開祖・日蓮は、鎌倉時代の貞応元（一二二二）年、安房国の小湊（現在の千葉県鴨川市）で生まれた。比叡山や高野山で学んだ後、『法華経』のみに救いがあると見出し、立教開宗を宣言。浄土宗・禅宗・真言宗などの諸宗を批判し、『法華経』

池上本門寺大堂

大田区　日蓮宗

## 池上本門寺［いけがみほんもんじ］

に基づいた立正安国を提言したが、幕府や権力者から弾圧され、佐渡島への流刑など四度の法難を経験。晩年は身延山（現在の山梨県）で修行を続けたが、病の療養のため常陸へ向かう途中の武蔵国池上郷の池上宗仲邸で波乱の人生の幕を閉じた。

　その日蓮入滅の地に建てられたとされるのが池上本門寺である。以来、日蓮宗の重要寺院と位置づけられた。

　江戸時代には、徳川家や

東京都大田区池上1-1-1

［山号］　長栄山
［寺号］　本門寺
［本尊］　一尊四士
［国指定重要文化財］　木造日蓮聖人坐像、日蓮筆「兄弟抄」、五重塔、宝塔

アクセス
東急池上線 池上駅から徒歩10分、都営地下鉄浅草線 西馬込駅から徒歩12分

96段の此経難持坂

空襲を免れた経蔵

加藤清正などの保護を受けて栄えた。幕末には、江戸城の無血開城に際して、西郷隆盛と勝海舟が当寺の松濤園で会見したとされている。

大正十一（一九二二）年には、参拝客を運ぶため、蒲田と池上を結ぶ東急池上線が開通。それほど栄えていたが、昭和二十（一九四五）年には空襲によって多くの伽藍を失った。現在では諸堂が再建されているが、明治時代以前の建造物は、総門、経蔵、五重塔、宝塔のみである。

## 五重塔は四百年の歴史を持つ重要文化財

歌川広重の『江戸近郊八景』『江戸みやげ』

徳川秀忠が建立した五重塔

などにも描かれた総門をくぐると、目の前に急な石段が立ちはだかる。慶長年間（一五九六〜一六一五年）、加藤清正が寄進したとされる九十六段の「此経難持坂（しきょうなんじざか）」である。段数は『法華経』見宝塔品（けんほうとうほん）の偈文（げもん）の文字数に由来する。

坂を上り切り、仁王門をくぐると、正面には堂々たる大堂（祖師堂）がそびえる。堂内には鎌倉時代の正応元（一二八八）年造立の日蓮聖人像が安置されている。大堂の左手にある経蔵は、江戸時代後期の天明四（一七八四）年に再建されたもの。堂内には回転する経典の書庫、八角輪蔵がある。

大堂の右手には五重塔がそびえる。慶長十三（一六〇八）年、二代将軍・徳川秀忠の乳母・岡部局が願主となり、秀忠が建立寄進した。関東に現存する五重塔としては最古である。初層のみが和様、二層以上が唐様である点など、独自の特徴を持つ貴重な塔建築だ。

池上本門寺には有名人の墓所が多い。とくに、日本プロレスの父、力道山の墓所には、多くのプロレスファンが訪れるという。

真言宗醍醐派◉ほんせんじ

32

# 品川寺

旅人にも親しまれた
旧東海道沿いの古刹。
大梵鐘(ぼんしょう)は海を渡って
帰国した

東京都品川区南品川3-5-17

［山号］　海照山
［院号］　普門院
［寺号］　品川寺
［本尊］　水月観音、聖観音
［国指定重要文化財］
絹本著色仏眼曼荼羅図
［国指定重要美術品］大梵鐘
［都指定有形文化財］
銅造地蔵菩薩坐像

アクセス
京急本線 青物横丁駅から徒歩5分

江戸六地蔵のひとつに数えられる地蔵菩薩坐像

## 品川寺［ほんせんじ］

京急本線の青物横丁駅を出ると、駅前の道路が「ジュネーブ平和通り」であることを示す道標が目に入るだろう。かつて青物市場として賑わったというこの地に、なぜ「ジュネーブ」なのか？　カギを握るのは駅から程近い旧東海道沿いの古刹、品川寺である。

豊かな農地に恵まれ、なおかつ海にも近い品川は古くから栄えていた。品川寺の歴史も古く、開創は平安時代初期の大同年間（八〇六〜八一〇年）と伝えられる。

本尊のひとつである水月観音（すいげつかんのん）は、弘法大師空海が当地の領主、品河氏に授けたものとされる。品河氏が衰退した後も、水月観

重さ約1トンの大梵鐘。6体の観音像が浮き彫りされている

音を祀る観音堂が設けられ、人々の信仰を集めた。

太田道灌もまた水月観音を信仰し、自らの持仏である聖観音像を観音堂に祀った。そして、長禄元（一四五七）年、江戸城を築いた際、観音堂を金華山普門院大円寺（だいえんじ）と号して伽藍を建てた。

武田信玄の小田原攻めの際には、品川一帯の社寺が焼き払われ、観音堂も焼失してしまう。しかし、江戸時代には、弘尊上人が四代将軍・徳川家綱から四千八百坪を拝領し、承応元（一六五二）年、金華山普門院品川寺として再興を果たす。後に海照山（かいしょうざん）と改めて大いに栄えた。

## ジュネーブで時を告げた大梵鐘

徳川家綱は明暦三（一六五七）年、先代の家康・秀忠・家光を供養するため大梵鐘を鋳造し、品川寺に寄進した。宝永五（一七〇八）年には、座高二・七五メートルの青銅の地蔵菩薩坐像が寄進された。品川寺は水月観音・大梵鐘・地蔵菩薩坐像の三宝で名を馳せ、品川の町の人々や東海道の旅人たちに親しまれた。

ところが江戸末期には寺は衰退。大梵鐘はなぜか海外に持ち出され、行方知れずになってしまったという。慶応三（一八六七）年のパリ万国博覧会、明治六（一八七三）

年のウィーン万国博覧会に展示されたという説もある。

　大梵鐘が発見されたのは大正八（一九一九）年のこと。スイス・ジュネーブ市のアリアナ美術館の庭園で毎夕刻、時を告げていたという。そして、昭和四（一九二九）年、ジュネーブ市議会によって品川寺への返還が決まった。

　こうした縁で品川区とジュネーブ市は友好都市として交流を始め、「ジュネーブ平和通り」が誕生したというわけだ。約六十年ぶりに故郷に帰ってきた大梵鐘には「失（な）くしたものが返ってくる」というご利益があるそうだ。

水月観音が安置されている本堂

山門前には、亀趺（大亀の台石）に載った宝篋印塔

弁天堂の八臂弁財天。勝運守護のご利益がある

天台宗◉にょらいじ

㉝

# 如来寺

## 五智如来が居並ぶ「大井の大仏」。福々しい布袋様と、隠れキリシタン伝説

品川区西大井の住宅街で、意外なほど大きな大仏たちに会える。その名も「大井の大仏」。「だいぶつ」ではなく「おおぼとけ」だ。

山門には「大佛　如来寺」の石碑と「荏原七福神」のの

荏原七福神のひとつ
布袋尊を祀る

東京都品川区西大井5-22-25
［山号］ 帰命山
［院号］ 養玉院
［寺号］ 如来寺
［本尊］ 釈迦如来
［文化財］高輪車町及び如来時門前絵図 古文書、紙本着色仏涅槃図 絵画
アクセス
都営地下鉄浅草線 馬込駅から徒歩10分、JR横須賀線・湘南新宿ライン 西大井駅から徒歩10分

品川区　天台宗

## 如来寺［にょらいじ］

ぼり。右脇の路地から境内に入ると、まずは福々しい布袋様の石碑が出迎えてくれる。如来寺はかつて荏原と呼ばれたエリアで七福神を祀る社寺のひとつとして、布袋尊を安置しているのだ。

如来寺が開かれたのは江戸時代の初期、寛永年間のこと。摂津（せっつ）（現在の兵庫県）の仏師、木喰但唱（もくじきたんしょう）が芝高輪に創建した。但唱自身が信濃国（しなののくに）で造立した五智如来像が安置されていたため「高輪の大仏」と呼ばれ

仁王に守られた瑞應殿

た。

現在の地に移ったのは明治四十一（一九〇八）年。大正十二（一九二三）年には、上野・寛永寺の塔頭・三明院を前身とする養玉院と合流し、養玉院如来寺となった。

「大井の大仏」五智如来像が安置されているのは、山門を入って一番奥のお堂、瑞應殿。入り口の左右では立派な仁王像が睨みをきかせている。

## 五つの智慧を象徴する五智如来

瑞應殿の階段を上って中に入ると、目の前に赤茶色に輝く仏像が現れる。高さ約三メートルの坐像が五体、横一列に並んでいる姿は壮観だ。堂々たる蓮華座が目の前に迫り、お堂が窮屈に感じるほどである。

向かって左から、北方世界の釈迦如来、西方世界の阿弥陀如来、世界の中心におわす大日如来、南方世界の宝生如来、そして東方世界の薬師如来が並ぶ。

正面中央は大日如来だ。如来はすでに悟りを得た存在であり、一般に着飾らない質素な姿で表されるが、大日如来だけは特別。如来の中の王として、宝冠を戴き、きらびやかな姿で表される。

五智如来は密教における五つの智慧を象徴している。もともとは密教の教理に基づいた深遠な定義があるが、庶民には健康や

## 如来寺［にょらいじ］

五智如来のセンター、宝冠を戴く大日如来

「大井の大仏」五智如来が並ぶ

五智如来の手前には、燈籠を支える姿の天燈鬼が

如来寺を開いた木喰但唱

五穀豊穣といった現世利益的な功徳をもたらす存在として広まった。
なお、薬師如来以外は火災で焼失し、宝暦年間に再建されたものである。
左手奥には如来寺を開き、五智如来像を造立した木喰但唱の小さな像が控えめに安置されている。産経新聞で連載された「東京風土記」（一九五九～一九六一年）では、但唱は隠れキリシタンであり、五智如来はキリストと四天使の像だったとする伝説を紹介している。
密教のパワーと布袋様の福徳、そして意外な歴史ロマンまでが詰まった見どころの多い名刹である。

天台宗◉りゅうせんじ

# 34 瀧泉寺（目黒不動）

日本三大不動のひとつ「目黒不動尊」。
円仁ゆかりの独鈷（とっこ）の滝に心を洗われる

仁王門をくぐって境内に入ると、正面にはまっすぐ延びる急な石段。大本堂に続く「男坂」である。

その左手には不動明王が佇む池があり、龍の口から水が流れ落ちている。これが目黒不動瀧泉寺の発祥の地である「独鈷の滝」だ。

平安時代が始まったばかりの大同三（八〇八）年、この地に立ち寄った慈覚大師円仁は夢で見た不動明王像を刻み、堂宇を建てようと決意した。円仁が法具の一種「独鈷」を投げたところ、

東京都目黒区下目黒3-20-26
［山号］　泰叡山
［院号］　護国院
［寺号］　瀧泉寺
［本尊］　不動明王
［国指定史跡］青木昆陽墓
アクセス
東急目黒線 不動前駅から徒歩12分

ゆるかわキャラの狛犬

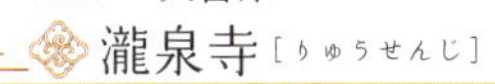

## 瀧泉寺［りゅうせんじ］

瀧泉寺の山門

独鈷の滝を守る不動明王

そこに泉が湧いたという。この霊泉が「独鈷の滝」である。

江戸時代初期の寛永年間には、三代将軍・徳川家光の帰依を受け、以後大いに栄えた。家光が目黒に鷹狩りに訪れ、愛鷹の行方がわからなくなった際、不動明王に祈願したところ、境内の松の木に帰ってきたと伝えられている。男坂の右手に、この「鷹居の松」が残る。

男坂を上ると正面が大本堂。本尊である不動明王像は秘仏であり、十二年に一度、酉年にご開帳される。成田山新勝寺の成田不動尊、熊本の雁回山長寿寺の木原不動尊と並ぶ「日本三大不動」のひとつとして名高く、江戸五色不動のひとつにも数えられている。

大本堂の裏手にもぜひ足を運んでいただきたい。きらびやかな出で立ちの大日如来が蓮華の上に座し、大本堂を見守っている。不動明王は大日如来の化身とも言われている。この大日如来像は天和三（一六八三）年につくられ、かつては屋内にあったという。四方は四天王が固めている。

## 甘藷先生、ここに眠る

大本堂前から男坂の脇にある「女坂」を下りると、再び男坂の麓に出る。

独鈷の滝の左手には歴史を感じさせるお

## 瀧泉寺［りゅうせんじ］

蘭学者・青木昆陽の碑

大本堂裏手の大日如来

本尊が祀られている大本堂

堂、前不動堂と勢至堂(せいしどう)が建つ。瀧泉寺の伽藍の多くは空襲で焼失してしまったが、このふたつのお堂は生き残り、江戸時代中期の建築を今に伝えてくれる。

前不動堂の手前には、江戸時代中期の蘭学者・青木昆陽(こんよう)の石碑が立つ。八代将軍・徳川吉宗の命によって蘭学を学び、サツマイモ（甘藷(かんしょ)）の栽培を普及させたため「甘藷先生」とも呼ばれた。墓所は飛地(とびち)となっている境内にあり、境内にはサツマイモの畑まである。

瀧泉寺には他にも、お堂やご利益スポット、著名人の石碑など多くの見どころがある。時間をかけてめぐりたい古刹だ。

35

# 大円寺（大黒寺）

行人坂の途中に佇む古刹。四季折々の表情を見せる五百羅漢たちに、自らの姿を探す

目黒駅西口から目黒川へと下る「行人坂」。江戸時代から交通の要衝だった急坂の途中にあるのが大円寺だ。寛永年間、修験僧・大海法印が開いたと伝えられる。

大円寺の名が有名になったのは、明和九

弟子たちに囲まれて穏やかに微笑む釈迦如来

## 大円寺［だいえんじ］

（一七七二）年に起きた大火の火元となってしまったから。この「行人坂火事」は振袖火事（一六五七年）・車町（くるまちょう）火事（一八〇六年）と並んで「江戸三大大火」のひとつに数えられる。

大円寺の境内に入るとすぐ左手に、石像がずらりと並ぶ。大火で亡くなった人々を供養するために刻まれた石仏たちだ。総数は五百二十体。釈迦三尊像（釈迦如来・文殊（もんじゅ）菩薩・普

東京都目黒区下目黒1-8-5
［山号］　松林山
［寺号］　大円寺
［本尊］　釈迦如来
［国指定重要文化財］清涼寺式釈迦如来立像など
［都指定有形文化財］大円寺石仏群
アクセス
JR山手線・東急目黒線・地下鉄南北線・都営三田線 目黒駅から徒歩5分

大火の犠牲者を供養するために刻まれた五百羅漢たち

賢菩薩）を十大弟子・十六羅漢が囲み、背後に四百九十一体の羅漢たちが居並ぶ。大火の後、長い時間をかけて刻まれ、嘉永元（一八四八）年、大円寺が薩摩藩島津氏の菩提寺として再興された際、安置されたと伝えられる。

　また、釈迦堂に祀られている木像の釈迦如来像は鎌倉初期の作と言われ、胎内に納入品が入っていた。

## 釈迦の教えを直接聞いた羅漢たち

　そもそも羅漢とは「阿羅漢」を略したもので、サンスクリット語の「アルハン」（尊敬を受けるに値する聖者）に由来する。釈迦自身も羅漢のひとりである。

　どんな人が羅漢なのかには諸説あるが、古代インドで釈迦の教えを直接聞いた弟子たちを指すことが多い。

　中国仏教では、仏の教えを護持することを誓った十六人の高弟をとくに「十六羅漢」と呼んで崇敬の対象とした。「おびんずる様」として知られる賓頭盧尊者もその一員だ。釈迦の高弟「十大弟子」のうち、実子の羅睺羅だけが「十六羅漢」にもラインナップされている。

　また、「五百羅漢」への信仰も中国仏教に由来する。仏教を開いた釈迦は、相手に合わせて口頭で教えを説いた。釈迦が亡く

## 大円寺［だいえんじ］

山手七福神の大黒天を祀った本堂

金色に輝く薬師如来像。体の悪いところに金箔を貼って祈願する

にこやかな表情の六地蔵たち

なった後、その教えを記録するために、お経の編集会議（結集）が開かれた。ここに集まった五百人の弟子を「五百羅漢」と称するという説などがある。

　五百羅漢といえば「目黒のらかんさん」として親しまれる、同じ目黒の五百羅漢寺のほうがむしろ有名だ。近代的なビル仕立ての博物館のような快適な空間で、一体一体、間近でじっくり拝観できる。

　一方、屋外で風雨にさらされている大円寺の羅漢たちは、素朴（そぼく）で小ぶりながら四季折々の表情を見せてくれる。五百羅漢の中には、自分に似た姿を必ず見出せると言われているので、ぜひ探してみてほしい。

曹洞宗◉ごうとくじ

36

# 豪徳寺

## 彦根藩
## 井伊家の菩提寺。
## 「招き猫」発祥の地

「ゆるキャラ」ブームの先駆けとなった「ひこにゃん」。滋賀県彦根市のキャラクターが猫をモチーフにしているのは、ただ可愛いからではない。彦根と猫を結ぶカギが、ここ東京・世田谷の古刹、豪徳寺にある。

### 井伊家の菩提寺として栄える

豪徳寺の創建は文明十二（一四八〇）年。世田谷城主・吉良正忠が伯母の菩提を弔うために建てた臨済宗弘徳院(こうとくいん)が前身とされる。天正十二（一五八四）年には、高輪泉岳寺(せんがくじ)

高さ22.5メートルの三重塔

# 豪徳寺［ごうとくじ］

1972年に建立された本堂

奉納された招福猫児がずらりと並ぶ

東京都世田谷区豪徳寺2-24-7

［山号］　大谿山
［寺号］　豪徳寺
［本尊］　釈迦如来
［国指定史跡］彦根藩主井伊家墓所
［都指定史跡］井伊直弼墓

**アクセス**
東急世田谷線 宮の坂駅から徒歩5分、小田急線 豪徳寺駅から徒歩10分

世田谷区最古の梵鐘

の門庵宗関が曹洞宗に改め、中興開山した。

豊臣秀吉の小田原征伐によって吉良氏が衰え、寺は一時期勢いを失っていたが、寛永十（一六三三）年、世田谷が彦根藩領となったことが転機をもたらした。

彦根藩の二代藩主・井伊直孝（なおたか）が弘徳院の門前を通りかかると、猫が手招きしている。招かれるまま境内に入ると、突然の雷雨。災難を免（まぬが）れたことを喜んだ直孝は弘徳院を井伊家の菩提寺に取り立て、大規模な修復を行なった。直孝没後、法号（戒名）にちなんで豪徳寺と改名され、寺は井伊家とともに隆盛を誇ったのである。

井伊家に福を招いた猫は「招福猫児（まねきねこ）」として祀られ、豪徳寺は「招福猫児」の伝説で信仰を集めるようになった。だからこそ「ひこにゃん」は猫なのだ。

## 「招福猫児」に願いを込めて

世田谷の住宅街に広がる緑豊かな境内には、立派な伽藍が立ち並ぶ。山門をくぐってまず目に飛び込んでくるのは、左手にそびえる見事な三重塔だろう。高さは二十二・五メートル。よく見ると北面の扉の上など数ヶ所に「招福猫児」の彫刻が施されている。

延宝五（一六七七）年に完成した仏殿もまた見事な建築だ。仏殿とその本尊は直孝

世田谷区　曹洞宗

# 豪徳寺［ごうとくじ］

の長女・亀姫の寄進によるもの。内陣に祀られている仏像五体は、目黒・五百羅漢寺の五百羅漢像を彫った松雲元慶（しょううんげんけい）の手による。「招福猫児」が祀られているのは招福殿というお堂。その左手には、大小さまざま、おびただしい数の「招福猫児」が並んでいる。絵馬のように願いごとが記されたものもある。人それぞれの祈りが、愛らしい招福猫児一つひとつに込められているのだ。

　境内の奥にあるのが、国の史跡にも指定されている井伊家の広大な墓所だ。豪徳寺を中興した二代藩主・井伊直孝、幕末の大老、井伊直弼（なおすけ）などの墓があり、墓石は三百余基を数えるという。

　境内の梵鐘は延宝七（一六七九）年に完成し、今に至るまでこの地で時を告げている。世田谷区に現存する最古の梵鐘の音が、夕暮れ時の静かな境内に響く。

猫に囲まれた如意輪観音

井伊家墓所の門前に並ぶ六地蔵

幕末の大老、井伊直弼の墓

37

# 等々力不動尊

## 緑豊かな等々力渓谷に開かれた修行の場。「不動の瀧」の音に、喧噪を忘れる

満願寺から移築された山門

平安末期に開かれ、室町時代には、世田谷城を構えた吉良氏の祈願寺として再興された満願寺(まんがんじ)。一言で祈願すれば成就するという「一言地蔵」などで名高い。

等々力不動尊は満願寺の塔頭(たっちゅう)。東京二十三区では貴重な自然が残された等々力渓谷を擁し、霊場の名にふさわしい静けさに包

東京都世田谷区等々力1-22-47
［山号］　瀧轟山
［院号］　明王院
［寺号］　等々力不動尊
［本尊］　大聖不動明王
アクセス
東急大井町線 等々力駅から徒歩5分

# 等々力不動尊［とどろきふどうそん］

参拝者の姿が絶えない本堂

まれている。

等々力渓谷周辺では古墳も多数見つかっており、豪族を中心に文化の栄えた土地だった。平安時代後期、興教大師覚鑁（こうぎょうだいしかくばん）が夢のお告げによってこの地を訪れ、不動明王像を祀ったのが霊場としての始まりだと伝えられる。この像は修験道の祖である役行者（えんのぎょうじゃ）が自ら刻んだとされている。

目黒通り沿いにある山門は満願寺から移築されたもの。赤い大提灯が印象的な本堂には、参拝に訪れる人の姿が絶えない。本堂奥には不動明王像が秘仏として安置されている。

本堂左手から渓谷に下る急な階段は「不

動の瀧」へと続く。沿道には桜やもみじが植えられており、四季折々の風情を楽しませてくれる。

役行者ゆかりの「一つ目蛙」と思われる石像

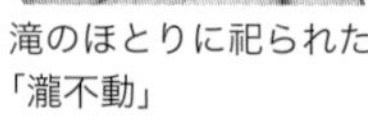

滝のほとりに祀られた「瀧不動」

幼少期の空海の姿「稚児大師」

役行者を祀った神変窟

途中、右手の崖の上に見えるのは、本尊を刻んだとされる役行者（神変大菩薩）を祀った神変窟である。

## 静けさの中で、稚児大師と向き合う

階段を下りていくと、川が流れている。左手には休憩のできる茶屋が、右手には、龍の口から流れ出る「不動の瀧」がある。滝の脇に設けられたお堂には、赤い炎を光背とする「瀧不動」が安置されている。

今でこそ可愛らしい滝だが、かつては流れ落ちる水の音が轟いたという。等々力という地名はこの滝の「轟」に由来するとい

かつて水音を轟かせた「不動の瀧」

う説もあり、今も滝に打たれる滝行をする人々の姿が見られるという。

川にかかる「利剣(りけん)の橋」を渡り、渓谷沿いを進むと、小さなお堂があり、合掌する女の子のような像が祀られている。幼いころの弘法大師の姿をかたどった「稚児大師」だ。弘法大師は子ども同士の遊びの中でも、小枝や草でお寺をつくり、土で仏様をつくって手を合わせたという。

稚児大師の前の手水鉢(ちょうずばち)には湧き水が引かれている。ひんやりした霊水で身体も心も清め、目を閉じて稚児大師に手を合わせると、ここが東京二十三区内であることを、しばし忘れてしまいそうだ。

38 浄土宗◉くほんぶつ じょうしんじ

# 九品仏浄眞寺

## 壮大な伽藍は、この世に現れた極楽浄土。九体の阿弥陀如来が、すべての人を救いに導く

上品上生の阿弥陀如来像は、上品堂の中央に座す

東急大井町線・九品仏駅からまっすぐ延びる参道。ご近所で親しまれている、のどかな散歩道といった趣だ。

参道の先には浄眞寺。駅の名前にもなっているように、「九品仏」という通称のほうが通りがいいだろう。

南向きの山門（総門）をくぐると、愛らしい地蔵たちが迎えてくれる。三万六千坪（約十二万平方メートル）に及ぶ広大な境

東京都世田谷区奥沢7-41-3
［山号］ 九品山
［院号］ 唯在念佛院
［寺号］ 浄眞寺
［本尊］ 釈迦如来
［都指定有形文化財］木造阿弥陀如来坐像など
［都指定無形民俗文化財］二十五菩薩練供養
アクセス
東急大井町線 九品仏駅から徒歩1分

## 九品仏淨眞寺［くほんぶつ　じょうしんじ］

本堂の釈迦如来像も珂碩上人作

風格ある仁王門「紫雲楼」

伽藍の周囲には趣ある庭園が広がる

内は自然豊か。立ち並ぶ伽藍をめぐりながら、四季折々の風情が楽しめる。

右手の閻魔堂を過ぎ、左手に折れると、正面には堂々たる仁王門がそびえている。寛政五（一七九三）年に建立されたこの門は紫雲楼（しうんろう）とも呼ばれ、楼上では阿弥陀如来と二十五菩薩像が境内を守る。仁王門の左手にある鐘楼も、十二支の見事な彫刻が施された名建築だ。

仁王門をくぐると正面に、木々に彩られた庭園が見えてくる。いちょうやカヤの大木は文化財にも指定されている。庭園を挟んで西側に三仏堂（さんぶつどう）が並び、それと向き合うように本堂が建つ。

## すべて異なる九体の阿弥陀如来

浄眞寺は延宝六（一六七八）年、珂碩上人によって開かれた。その境内は極楽浄土を模してつくられている。三万六千坪という境内の広さは、阿弥陀如来が立てた誓いにちなんだものだ。三仏堂にはそれぞれ「三六願（第十八願念仏往生の願のこと）」が立つ。三十六の柱が、本堂には三十六のケヤキ柱が立つ。三仏堂と本堂の距離も三十六間。細かなところにまで極楽往生への祈りが込められている。

三仏堂が境内の西端に建てられているのは、極楽浄土が西方にあるからだ。本堂か

三仏堂の中央にある上品堂。3年に1度の行事「おめんかぶり」では本堂と橋で結ばれる

ら見て正面に上品堂（じょうぼんどう）、右手に中品堂（ちゅうぼんどう）、左手に下品堂（げぼんどう）が仲良く並ぶ。それぞれのお堂には一丈六尺（約四・八五メートル）の阿弥陀如来像が三体ずつ祀られている。彫刻に秀でていた珂碩上人自身の手によるものだ。

九体の阿弥陀様は同じものではない。それぞれ名が付けられており、よく見ると手のポーズが異なっている。

極楽浄土に往生する（生まれ変わる）パターンには九種類（九品）あるとされる。大きく分けて上品・中品・下品の三パターン。その中でそれぞれ上生（じょうしょう）・中生（ちゅうしょう）・下生（げしょう）の三パターンがあり、合計九通りとなる。これを表したのが九体の阿弥陀如来像だ。

その人が積み重ねてきた行ないによって、往生の際にお迎えにくる仏や菩薩の種類、タイミングや乗り物が異なる。しかし日頃から阿弥陀様を信じ、念仏を唱えていれば、必ずいずれかの方法で極楽に導いてくれるはず。どの阿弥陀様と縁が深いのか。お参りしているうちにピンとくるかもしれない。

天台宗●きょうがくいん

# 39 教学院（最勝寺／目青不動）

三軒茶屋の路地裏に佇む、江戸五色不動の「目青不動」

都会の喧噪を忘れさせてくれる境内

時を告げる「魚板」。木魚の原型とされる

三軒茶屋駅の主に北側に、聖徳太子を祀った円泉寺のある「太子堂」というエリアが広がる。その住宅街の路地裏にひっそりと佇むのが教学院最勝寺である。

教学院は、江戸五色不動のひとつ「目青不動」で知られる。開山は応長元（一三一一）年。太田道灌が江戸城を築く前の紅葉山

東京都世田谷区太子堂4-15-1

［山号］　竹園山
［院号］　教学院
［寺号］　最勝寺
［本尊］　阿弥陀如来

**アクセス**
東急田園都市線・世田谷線 三軒茶屋駅から徒歩5分

## 教学院［きょうがくいん］

（現在は皇居の一部）に開かれ、赤坂、青山へと移転した。小田原城主・大久保加賀守（かがのかみ）の菩提寺として栄え、明治四十一（一九〇八）年、再び移転してこの地に落ち着いた。

山門を入って正面の本堂には本尊の阿弥陀如来像が安置されている。

目青不動像（秘仏）が祀られている不動堂

彫刻の獅子の目が青く光っている

目青不動像が祀られているのは、山門を入ってすぐ右手に佇む「不動堂」というお堂だ。

この目青不動像はもともと麻布の観行寺の本尊だったが、廃寺となったのを機に、明治十五（一八八二）年、当時青山にあった教学院に移された。

お堂の右手に「閻王殿（えんおうでん）」の額が掲げられているのは、江戸時代までは閻魔（えんま）大王が正面に安置されていたからだ。

境内が一望できる小ぢんまりとしたお寺だが、見事ないちょうの木陰で、しっとりと落ち着いた雰囲気を味わえる名刹だ。

# 日蓮宗の基礎知識

日蓮宗はその名の通り、日蓮が開いた宗派である。日蓮は比叡山をはじめ、さまざまな寺院で学んだ後、『法華経』（妙本蓮華経）こそが真の教えであるとの確信を得た。そこで「南無妙法蓮華経」（法華経に帰依します）の題目を唱えるだけで救われると説いた。

『法華経』は、だれもが平等に救済されると説くことから、「諸経の王」と称された。聖徳太子が注釈書を記し、最澄が根本経典と位置づけるなど、日蓮以前から重視されてきた経典だ。

しかし日蓮が違ったのは、『法華経』以外の教えをことごとく否定し、邪教と断じて攻撃したことだった。いわく「念仏は無限地獄に落ちる。禅は天魔の行為である。真言は国を滅ぼす。律宗は国賊である」。

また、救済は現世でなされるべきだと考え、鎌倉幕府に対して国家レベルで『法華経』を重んじるよう主張。著書『立正安国論（りっしょうあんこくろん）』では、『法華経』に帰依しなければ内乱や外国の侵略を受けると警告した。

こうしたアグレッシブな言行は多くの敵をつくる結果となり、佐渡への流刑など四度にわたる「法難」を受けた。しかし、正しい教えを持つ者が法難にあうことは『法華経』に記されていることから、かえって信仰を深めていった。その生涯は不屈の戦いの連続であった。

《コラム》日本仏教の主な宗派

# 日蓮宗の名僧

日蓮は貞定元（一二二二）年、安房国の小湊（現在の千葉県鴨川市）で生まれた。天台宗清澄寺（現在は日蓮宗）で出家した後、鎌倉・比叡山・高野山などで仏道を幅広く学び、『法華経』に仏教の真髄があると確信した。清澄寺に戻った日蓮は建長五（一二五三）年、太平洋から昇る朝日に向かって初めて「南無妙法蓮華経」とお題目を唱え、立教開宗を宣言。次の三つの誓願を立てた。

我、日本の柱とならん。
我、日本の眼目とならん。
我、日本の大船とならん。

文応元（一二六〇）年には『立正安国論』を著し、鎌倉幕府の北条時頼に対して『法華経』を重んじた国づくりを説く。幕府から危険視され、他の仏教教団の強い反発を招いたため、襲撃されたり、伊豆や佐渡に流刑になるなど、四度にわたる法難に見舞われた。

文永十一（一二七四）年、流刑先の佐渡から鎌倉に帰還。さらに身延山に入って、弟子の育成に力を注いだ。弘安五（一二八二）年、湯治のため常陸に向かう途中、武蔵国の池上宗仲邸（現在の池上本門寺）で体調が悪化。六十一歳で生涯を終えた。入滅前、教えを託す六人の弟子「六老僧」を定めて『立正安国論』の講義を行なったという。

# 日蓮宗の名刹

日蓮宗の総本山にあたる祖山は身延山久遠寺。佐渡から帰還した日蓮が後進の育成にあたった場である。明治時代の大火で多くの伽藍が焼失したため、建造物は新しい。ただし貴重な経典や古文書が身延山博物館に所蔵されている。

千葉県鴨川市にある誕生寺は日蓮宗の大本山（霊跡）のひとつ。もともとは日蓮の生家跡に建てられたが、元禄十六（一七〇三）年の大地震に伴う津波被害を受け、現在の地に移転した。

日蓮が出家し、立教開宗した清澄寺もまた大本山（霊跡）となっている。宝亀二（七七一）年、不思議法師が開山したと伝えられる古刹だ。かつては天台宗に所属していたが、昭和二十四（一九四九）年に日蓮宗に改宗した。

千葉県市川市にある法華経寺（大本山）は、日蓮の支持者だった豪族の荘園に建てられた。迫害を受けた日蓮にとって安息の場になっていたという。寺院とされたのは日蓮没後のことである。日蓮筆による『立正安国論』が伝えられ、国宝に指定されている。また、法華堂は室町時代の建立とされる貴重な建造物だ。

池上本門寺（大本山）は日蓮が息を引き取った池上宗仲邸に開かれた寺院。日蓮没後、池上宗仲が『法華経』の文字数（六万九千三百八十四字）に合わせて約七万坪を寄進した。五重塔や宝塔などが国の重要文化財に指定されている。

本書の執筆にあたっては下記の文献を参考にした。

『図説　浅草寺―今むかし』(金龍山浅草寺＝編、東京美術)
『上野寛永寺　将軍家の葬儀』(浦井正明＝著、吉川弘文館)
『ぶんきょうの史跡めぐり』(東京都文京区教育委員会＝編、東京都文京区教育委員会社会教育課)
『本郷の寺院―街と寺誌』(本郷仏教会＝編、本郷仏教会)
『世田谷区社寺史料』第1集・第2集・第3集(東京都世田谷区立郷土資料館＝編、東京都世田谷区教育委員会)
『豪徳寺・文化財綜合調査報告』(世田谷区立郷土資料館＝編、東京都世田谷区教育委員会)
『いたばしの寺院』(板橋区教育委員会＝編、板橋区教育委員会)
『最後のサムライ　山岡鐵舟』(圓山牧田・平井正修＝編、教育評論社)
『不憫惚れ―法昌寺百話』(立松和平＝著、アートン)
『はやぶさ、そうまでして君は～生みの親がはじめて明かすプロジェクト秘話』(川口淳一郎＝著、宝島社)
『東京風土図』(産経新聞社会部＝編、社会思想社)
『築地』(本願寺出版社東京支社＝編、本願寺出版社)
『不動明王』(渡辺照宏＝著、岩波書店)

〈著者プロフィール〉

**長田幸康**（おさだ・ゆきやす）

1965年、愛知県生まれ。早稲田大学理工学部卒業。仏教とチベット文化に造詣が深い。インドでダライ・ラマ14世に出会って仏教に目覚め、チベット寺院に住み込んで理論と実践を学ぶ。現在、日本各地に伝わる仏教説話を訪ねる聖地巡礼に励むかたわら、毎年夏には、チベットに渡航し、仏教文化を巡るツアーの現地コーディネートを担当している。著書に『知識ゼロからの仏教入門』『知識ゼロからの仏の教え』『知識ゼロからのダライ・ラマ入門』（以上、小社）、『仏教的生き方入門　チベット人に学ぶ「がんばらずに暮らす知恵」』（ソフトバンク新書）、『心の安らぎに出合える仏教の教え』（双葉社）、『ブッダに学ぶ生きる智慧』（東洋経済新報社）など。http://www.k-word.co.jp

ぶらり東京・仏寺めぐり

2016年4月20日　第1刷発行

著　者　長田幸康
発行人　見城 徹

発行所　株式会社 幻冬舎
〒151-0051　東京都渋谷区千駄ヶ谷4-9-7

電話　03(5411)6211(編集)
03(5411)6222(営業)
振替　00120-8-767643

印刷・製本所　中央精版印刷株式会社

検印廃止



Printed in Japan
ISBN978-4-344-02932-3　C0095
幻冬舎ホームページアドレス　http://www.gentosha.co.jp/

この本に関するご意見・ご感想をメールでお寄せいただく場合は、
comment@gentosha.co.jpまで。